JN096898

人事評価制度が
50分で理解でき、
1日で完成する本

山本昌幸 著　　尾田ちひろ 絵

協力）あいち造形デザイン専門学校

まえがき

「人事評価制度」はよくわからない。

　これが、人事評価制度のイメージではないでしょうか。

　そのため「人事評価制度」が自社に必要だと感じていても一歩踏み出せない社長が多いのではないでしょうか。また、すでに「人事評価制度」を導入している企業においても上手く機能しているとは言い難く「人事評価制度」はより難解なイメージとなっているのではありませんか？

　はじめまして。
私は今まで数多くのマネジメントシステムをベースとした仕組みを開発してきました。人事評価制度に携わり25年を超えました。

- ・根本的に時短を実現する
  「タイムクリエイトマネジメントシステム」
- ・人手不足を根本的に解決する仕組み
- ・交通事故を削減する仕組み
- ・生産性を向上させる「プロセスリストラ」
- ・プロセスを明確にして組織改善につなげる人事制度
- ・「働くことに制約のある方」を活用させていただく仕組み

　これらの仕組みは私自身が開発し、その内容については書籍になっています。他にも国際標準化機構が開発したマネジメントシステムを活用した目的達成のための指導や審査は20年以上手がけています。

　以上の経験をもとに、非常に難解のイメージである人事評価制度を社長が50分ほどで理解し、自社にとってどのような人事評価制度が必要であるのかも理解するために、この本を書きました。

本書は、自社の発展を願う社長向けに執筆しました。しかし、社長でなくても経営者マインドを持つ方であれば深く内容を理解でき、共感していただけると思います。ぜひ、この本から得た知識を社長に教えてあげてください。必ず喜ばれるはずです。

　この本は、感覚的に理解していただくことを目的に内容の半分近くをイラストで表現しましたので、「最初の通読」や「復習のための再読」はイラストページだけを眺めていただいても良いと思います。

　究極的な理想の人事評価制度とは、社長、従業員にとって楽しく・嬉しい人事評価制度です。この、**「社長及び従業員にとって楽しく・嬉しい理想的な人事評価制度」**とはどうあるべきかについてもわかりやすく説明していきます。

　今から50分後には、人事評価制度をどのような目的で策定・運用し、どのような効果が得られるのか。また、その効果を得るためにはどのような人事評価制度を策定すべきなのか。そして、どのように策定するのかをご理解いただけると思います。そして、

即、実行に移してください！

　学んだ知識・得た知識は即、使ってこそ意味があります。
　痩せるためのダイエット機器も購入しただけではダメですよね。

　ついに今日、人事評価制度を理解できるのです。そして、自社にとって理想的な「人事評価制度表」を一日で作成しましょう。

　あなたの会社がすばらしい人事評価制度を導入され、成果を出されることを真に願います。
　では、始めましょう！

2020年1月
山本 昌幸

目　次

第4章　策定がカンタン・運用がラク・成果が　わかりやすい　人事評価制度を考える

第5章　理想的な「カンタンすぎる人事評価制度」

第6章 「カンタンすぎる人事評価制度」を 導入した優良企業例

終 章 安易に「カンタンすぎる人事評価制度」へ 飛びつかないで

あとがき

第1章
問題だらけの人事評価制度

01 人事評価制度は本当に難しい？

いきなりですがクイズです。

　Ｑ：人事評価制度の目的は従業員を評価することである？

　Ａ：もちろん「×」です。

　この答えの根拠は、これから説明していきます。

　私が独立開業したのは1991年です。その2年後から人事評価制度の指導を開始しました。開業から一年間、人事評価制度に非常に興味のあった私は、人事評価制度の猛勉強をしました。書籍を読み漁り、セミナーを受講し……。でも、よくわからなかったのです。いや、正直に言えば、勉強すればするほど理解できなかったのです。

　もしかしたらこの本をお読みのあなたも同じではないですか？

　人事評価制度の猛勉強を開始し一年が経過した頃、ある先生のセミナーを受講し霧が晴れました。

「なんだ、こういうことだったのか！」と。

　その先生から学んだ知識をベースに、既読した書籍を読み返してみると、理解できるではありませんか！その後、人事評価制度についての知識をさらに深め、自身でも人事評価制度を開発し現在に至ります。

　私のように人事関連の知識を持ち合わせた者であっても勉強すればするほど理解に苦しんだ人事評価制度。人事関連業務が専門ではない一般的な社長さんにとっては、人事評価制度を理解するのはさらに難しいと思われます。ただ、社長という企業の経営トップの立場からすると、**いまさら他人に訊けない人事評価制度**ではないでしょうか。

　どうか、この本を読んで、「人事評価制度をわかっていない社長」「人事評価制度を理解しているつもりの社長」から卒業してください。

　この本で説明する「理想の人事評価制度」は、簡単でとてもわかりやすい人事評価制度ですから。

勉強すればするほど、
理解に苦しむ人事評価制度。

ただ、押さえるポイントがわかれば
人事評価制度を理解することはカンタンです。

さぁ、あなたも人事評価制度に詳しい
社長になりましょう！

社長の悩みは
「お金のこと」より「ヒトのこと」

　私自身、企業規模10名弱の中小・零細企業経営者としての立場として一番の悩みは数年前まで「売上や顧客の開拓」といういわゆる「お金のこと」でしたが、現在では「ヒトのこと」なのです。

現在の経営課題

1位：人材の確保・育成：59.2%　2位：販売・受注先の開拓：55.9%

（論文「経営者の年代別にみた中小企業の実態」より：日本政策金融公庫論集　第28号（2015年8月））

　中小企業の経営者が現在の経営課題として感じている1位が「人材の確保・育成」であり、2位の「販売・受託先の開拓」を上回っています。44歳以下の若手経営者に限った結果としては、「人材の確保・育成」が約10%増え69%に増えています（「販売・受注再起の開拓」は52.9%）。若手経営者ほど「お金のこと」より「ヒトのこと」を経営課題として意識しているのです。

人材の定着や育成のために中小企業が有効だと考える取り組み

1位：能力や適性に応じた人事評価制度
2位：成果や業務内容に応じた昇給・昇格
3位：時間外労働削減・休暇制度の利用の促進

中小企業庁委託「中小企業・小規模事業者の人材確保・定着等に関する調査」
（2016年11月、みずほ情報総研（株））

　そして、経営課題である人材の定着（確保を含む）や育成のために中小企業が有効だと考える取り組みについて、「働き方改革」の本丸である「時間外労働削減・休暇制度の使用促進」を抑え、1位に「能力や適性に応じた人事評価制度」とあります。2位の「成果や業務内容に応じた昇給・昇格」を行うためには人事評価制度が必要ですから、中小企業において「人事評価制度」の必要性・重要性が明確になっているといえます。以上、社長にとって「ヒトのこと」を解決する手段である「人事評価制度」がいかに重要であるかご理解いただけるでしょう。

中小企業経営者の悩みは、
「お金のこと」より「ヒトのこと」。

特に44歳以下の若手経営者では
この傾向がより鮮明。

会社経営において「ヒトのこと」が解決できれば
成功を手に入れたようなものなのです。

03 既存の人事評価制度の問題点 1

　既存の、一般的な人事評価制度の問題点をみていきましょう。

①評価基準が不明確

　何ができれば良い評価がもらえ、何ができなければ悪い評価になってしまうのかの基準が不明確なのです。そのため従業員としては目指すべき方向性がわからず、漠然と日々の業務を処理せざるを得ません。

②評価のバラつき

　評価者による評価のバラつきが大きな問題です。被評価者であるＡさんを上司のＸ氏が評価した場合とＹ氏が評価した場合では評価結果が異なるのです。ただ、これは仕方のないことです。そもそも①で説明した評価基準が不明確なのですから。評価基準が不明確な状態での評価のバラつきは被評価者だけでなく評価者を苦しめることになります。

③評価結果について被評価者にフィードバックされない

　被評価者にしてみれば、「自分はどのような評価をされたのだろう？」と気になるものですが、そのフィードバック・説明がされません。①の評価基準が不明確で評価のバラつきが生じた評価結果であるため、評価者からフィードバックできるような状態ではないのです。

④評価内容が公表されていない

　私はこのことを「究極の後出しジャンケン」と表現しています。評価項目と評価基準はあらかじめ社内に公表しておくべきです。

　企業の中には、「評価項目を公表すると、その評価項目についてだけ一生懸命取り組むのでわが社では公表しません」と苦しい言い訳をされる企業もありますが、"その評価項目についてだけ一生懸命取り組む"ような評価制度自体が問題です。評価項目を明確にしなければ、企業側も、従業員もキャリアプランを描けないことになります。

　「人事評価制度」は人材育成のツールでもありますから、あらかじめ評価項目と評価基準は明確にすべきです。

　既存の人事評価制度は、
評価する側・評価される側の
両方にとって問題だらけ？

　　　評価基準が不明確だと、
　　評価のバラつきが生じ、
評価結果を評価対象者（通常は部下）に
フィードバックできません。

　根拠が明確な評価結果を
上司から部下にフィードバックすることは、
上司と部下との最高の
コミュニケーションになるはずです。

04 既存の人事評価制度の問題点 2

⑤人事評価制度を策定しただけで満足している

　一般的には人事評価制度の策定は非常に手間がかかるもの。その大変さを乗り越え完成した「人事評価制度」。そこで安心してしまう企業がなんと多いことでしょうか。

　人事評価制度はあくまでツールです。ですから使い倒さなくてはなりません。しかし、実際には完成した時点で満足して、そのまま放置してしまう企業があるのです。

⑥仕組みが複雑で運用できない (運用しづらい)

　人事評価制度が活用されずに放置される原因の一番は、仕組みが複雑で運用できないことではないでしょうか。要するに使いにくいのです。「良い人事評価制度」とは、ほぼすべての従業員が自社の人事評価制度の仕組みを理解しているものです。自分たちが評価される仕組みについて、自分たちが理解していないことは異常だと思いませんか？

⑦人材育成に繋がっていない

　人事評価制度は人材育成のツールであることはお伝えしましたが、多くの人事評価制度は従業員の評価、序列づけが目的であり、その先にある人材育成に繋がっていません。人事評価制度には人材育成に繋がる内容を入れ込むべきなのです。もちろん、評価結果に基づき昇給、昇格及び賞与に反映させることは重要ですが、それだけでよいのでしょうか？人材自体の底上げが実現できれば、企業自体の業績が上がり、結果、昇給や賞与も上がることになるのです。

⑧全員が良い評価を獲得しても会社の利益になっていない

　人事評価制度を 5 段階の上から S，A，B，C，D で評価した場合、従業員全員が「S」もしくは「A」を獲得してもなぜか組織自体が良くなっていません。売り上げも上がらず、品質も向上せず、儲からないのです。

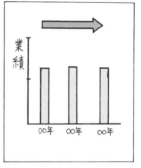

大変な思いをして人事評価制度を策定しても、
完成したことに満足してしまい、
実際に活用できていない。
なぜ、人事評価制度が活用できないのでしょうか？

それは、その人事評価制度の仕組みが複雑すぎるから。
また、苦労して、その複雑な人事評価制度を
運用したところで人材育成に繋がらない場合が多いのです。

人事評価制度とは本来、簡単に運用でき、
人材育成を実現し、
会社を儲からせるものなのです。

05 既存の人事評価制度の問題点 3

　ここまで、既存の**一般的な人事評価制度**の問題点を説明してきましたが、もう少し端的に問題点を表現すれば、「**長い**」・「**高い**」・「**面倒くさい×2**」ということです。

・「**長い**」とは？

　人事評価制度を構築するとなると通常、半年から一年半ほどかかります。私が主催する人事評価制度セミナーへご出席いただいた某企業の社長は「取り組み開始から2年経過しましたがまだ完成しません」と仰っており、何とか早く完成させたいが為にセミナーにご出席いただいたとか。

・「**高い**」とは？

　人事評価制度の策定をコンサルタントに依頼する場合、指導料金が数百万から一千万円超となります。先日、人事評価制度策定指導をご依頼いただいた某企業の社長は某人事評価制度コンサルタントの料金について、「とても格調高い人事評価制度のように思えましたがコンサル料金が1000万円超えでした」と仰っていました。

・「**面倒くさい①**」：**(策定が面倒くさい)**

　専門のコンサルからの指導を受け、長い期間費やしても人事評価制度の策定は簡単には成らず、とても面倒くさいのが実態です。

・「**面倒くさい②**」：**(使うのが面倒くさい)**

　高額なコンサル費用をかけ、プロジェクトメンバーが大変な思いをして長期間費やし、誰もが容易に活用できる人事評価制度が策定できるとすれば「結果オーライ」なのですが、たいていの場合、それだけ苦労して完成した人事評価制度であっても運用が難しく非常に面倒です。

人事評価制度

一般的な人事評価制度は、
「長い」
「高い」
「面倒くさい×2」。

策定に半年から一年半ほど長い時間を費やし、
高いコンサル費用をかけ、
とても面倒くさい思いをして策定したところで、
運用自体も面倒くさい！！

06 成果主義人事評価制度の問題点

　最近巷でよく耳にするのが「成果主義評価制度の問題点」です。

　私は、成果を評価することは良いことだと思っています。ただ、**成果だけを評価すること**が問題なのです。要するに「**成果**」だけを評価するのではなく「**成果に至るプロセス**」も**評価すべき**なのです。

　わかりやすいトラック運送業の事例で説明しましょう。

　トラック運転手の人事評価は、「交通事故を起こさない」ことだけで高評価を与えるべきでしょうか？**交通事故を起こさなかったのはたまたまかもしれません**。交通事故を起こさないためのプロセスへの取り組みについても評価対象とすべきなのです。

交通事故を起こさないためのプロセス（活動）
- ・ヒヤリハット情報の提出、情報を受けての取り組み
- ・デジタルタコグラフの高評価取得
- ・ハザードマップの遵守
- ・同乗指導結果の高評価取得
- ・法定12項目教育の好受講態度
- ・万全な車両点検、適正な点呼
- ・適性検査の受診と受診結果を受けての対応
- ・交通事故削減のためのルール厳守　　　　等々

　これらのプロセスに問題がなかった成果として交通事故を起こさなかったのであれば、人事評価上、高評価を与えるべきであり、同様のプロセスを自身が今後も遂行し、他の運転手にも水平展開すれば交通事故未発生という成果の再現性が可能なのです。

　以上のことから成果だけを評価することは慎まなければなりません。

「結果」評価のみで
いいのでしょうか？

「成果」だけを
評価することは危険！

「成果」を出すための
活動（プロセス）も評価しましょう。

どのような活動（プロセス）が
成果に結びつくのかを明確にし、
組織のノウハウとして「仕組み化」できれば、
その成果の再現が可能なのです。

第2章

人事評価制度は
人材育成のツール

07 会社が従業員に要求する 能力・技量のハードルを設定する

　私はマネジメントシステムの審査で、2人～数万人規模の企業への審査経験が1200回以上あります。その審査の場で組織の経営トップ（通常は社長）へインタビューを実施しますが、その際よく聞くのは（特に中小企業）、**「当社の従業員は自分から勉強しない・努力しない」**ということです。それに対して私からは、**「では、従業員に『ここまでの能力を身につけてください』と要求されましたか？」**と質問します。

　この私からの質問で「ハッ」と気づかれる経営トップが半数。残りの半数は、「私が能力を身につけるよう従業員に要求しなくても自主的に努力すればいい」とずいぶんと身勝手な意見を言われます。

　中学受験、高校受験および大学受験を経験された方は多いと思いますが、目標とする学校のハードル（難易度、偏差値等）が明確であるから、努力できるのであり、頑張れるのですよね。そして、学校の場合は入学後も到達点が明確です（単位獲得数、留年となる基準等）。では、なぜ、会社では従業員が身につけるべき「力量・技量のハードル」を具体的に明確に設定していないのでしょうか。

　このような意見を述べると、「社会（この場合企業）は、厳しいところであり、学校のように優しくおせっかいを焼いてくれる場ではない」と言われる方がいらっしゃいますが、他人から指示されなくても自ら努力できる人材は10人に1人くらいのものです。それ以外の人材は、何らかの道標というか、「要求力量・技量のハードル」を設定したうえで、そのハードルを越えられるような仕組みが必要なのです。これこそが「能力開発制度」であり、「教育訓練制度」といえるのです。

　断っておきますが、一般的な「職能資格定義表」は要求能力があいまい過ぎて「要求力量のハードル設定」には役不足です。

「ここまでの能力・技量を身につけてください」と
従業員に明確に示すことが
人材育成の第一歩。

いつまでに、どのようにして
身につけるのかも明確にしましょう。

この「要求力量のハードルの設定」
こそが人材育成に重要なのです。

08 「できた」ではなく「できる」を 組織風土にする

あなたは「できた」と「できる」の違いがわかりますか？

営業担当者であれば、「売れた」と「売れる」の違いです。

・できた：たまたまできた（たまたま売れた）

　　　　できた要因が不明であり、追究できてもあくまで後付け

・できる：適切な計画の下にできる（計画の下に売れる）

　　　　できる要因が明確であるため再現性がある

仮にあなたが組織の売上を統括する営業部長だった場合、「売れた営業担当者」と「売れる営業担当者」のどちらをアテにしますか？

私が営業部長であれば、「売れる営業担当者」の売るためのプロセスを徹底的に解明にし、可能な限り標準化したうえで、そのプロセスを他の営業担当者にも実践させます。

前項のテーマでもありましたが、「能力・技量が身についた」では、たまたま身についただけかもしれません。しかし、あらかじめ身につけるべき能力・技量を明確にしたうえで、現状の能力・技量を把握し、その能力・技量に達するための教育・訓練計画を立案し実施した結果、能力・技量が身についたのであれば良いのです。これを**「能力・技量を身につける」**と言います。この“適切な計画の下にできる”が非常に重要なのです。なぜなら再現性があるからです。

以上のことからも、従業員の育成には前項で説明した「会社が従業員に要求する能力・技量のハードル設定」が必要です。これは、ある意味「キャリアプランの策定」なのです。

ビジネスは「有言実行」であるべきです。人知れず善い行いを実行するには「不言実行」が美しいですが、ビジネスにおいては最初に「私はここまでやり遂げます」と宣言したうえで実行すべきです。そう、ＰＤＣＡの「Ｐ」で宣言するのです。

計画

たまたま

「できた」（売れた）ではなく、
「できる」（売れる）が重要！

「できた」（売れた）は
たまたまできた（売れた）だけであり、
「できる」（売れる）は
計画の下にできる（売れる）ことから、
再現性があり、
組織として非常に重要なことなのです。

人材育成についても、
計画策定の下に「有言実行」ができる
従業員を育成しましょう。

09 伸びる人材の共通点

　25年以上人事評価制度関連の指導をさせていただいていると、社長から共通の質問をよくされます。

「伸びる人材の共通点は何ですか？」

私は「素直であること」と即答します。もう少し違う表現をすると、他人の意見をまずは自分の頭の中に入れて考えてみることができる人です。

　他人から何か意見されたとき「バシャーン！」とシャッターを下ろしてしまう方がいます。そして、直後に否定の言葉である「でも（But）」を返す。これでは良いコミュニケーションが取れませんし、組織の中で伸びていくことも難しいでしょう。

　このような話をすると「まずは他人の話や現状を鵜呑みにせずに疑い、別の着眼点から視てみることが改善や解決には必要なのでは？」と仰る方がいらっしゃいますが、それはブレークスルー（障壁を突破すること、打開すること）やイノベーション（技術革新・刷新）に必要なことであり、他人からの忠告・具申へのベストな対応とは言えないのです。もちろん、特殊詐欺や怪しい団体からの勧誘に素直に応じることではありません。

　この伸びる人材の重要要素である「素直であること」は、実は社長にも当てはまります。私は、今まで多くの企業に出向き、さまざまな成功事例・失敗事例を目にしてきました。それについて別企業の社長に伝えることがありますが、成功する社長は「良いことを聴いた。早速試してみよう」と仰り、ダメな社長は「それは当社には当てはまらない」と仰る。ここだけの話、私は、お伝えする社長が経営する業種と同一業種の事例であっても、あえて少し異なる業種の事例としてお話しているのです。非常にもったいないですね。

　実はほとんどの社長が「当社は特殊だから」と思い込んでいるのです。

伸びる人材の重要な条件は
「素直であること」！
これは、社長についても同じ。

素直さ＝学ぶ意欲
　　　　＝人の意見を聞き入れ、咀嚼できる能力

ダメな対応・・・即、but（でも）で反論する。
ダメな社長・・・「ウチは特殊だから」が口癖。

「理想の人事評価制度セミナー」参加の 4割近くが30名以下の小さな会社

　私が毎月３回ほど開催している、「理想の人事評価制度セミナー」では、出席者の85％以上が社長です。このセミナーにご出席いただいた企業のデータをみてみましょう。

	出席者に占める割合	人事評価制度導入済みだが不満	人事評価制度がない
従業員数1～9名	13.5%	30.0%	70.0%
従業員数10～29名	23%	23.5%	76.5%
従業員数30～99名	39.2%	37.9%	62.1%
従業員数100～149名	10.8%	37.5%	62.5%
従業員数150名以上	13.5%	40.0%	60.0%
全出席者	100%	33.8%	66.2%

　まず、既に人事評価制度があっても、何らかの不満がある企業が三分の一もいらっしゃるということが興味深いですね。

　また、出席企業の従業員数は「30～99名」が4割弱を占めています。「9名以下」の企業も1割以上参加があり、「29名以下」と合わせると出席企業の3割を超えています。

　セミナーで配布するシートに出席の動機を回答いただくと、一番大きな動機として、「難しそうな人事評価制度とは異なり、導入と運用が簡単にできそうなので出席した」との回答を多くいただきます。要するに人事評価制度未導入の企業にとって、人事評価制度は難しそうだが、シンプルなものならば自社でも活用できそうだと感じられ、また、既に導入済みの企業は、人事評価制度の策定・導入で失敗したのでシンプルなものに作りなおし活用していきたいということのようです。

　既存の人事評価制度に不満をもつ従業員は6割を超えるというデータもありますが、出席者のうち8割が社長というセミナーで、自社の人事評価制度に不満がある方々が3割を超えるという重い実態があります。

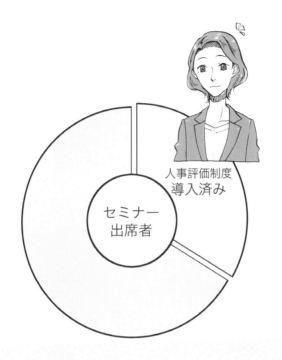

セミナー
出席者

人事評価制度
導入済み

「理想の人事評価制度セミナー」への出席者の実態
出席者の85％以上が社長
出席企業の約三分の一が既に人事評価制度導入済み
従業員数30名未満企業の出席は約35％
従業員数30名～99名企業の出席は約40％
従業員数100名以上企業の出席は約25％

既存の人事評価制度に不満を持つ社長、
新規に人事評価制度導が必要と考える社長、
双方に必要とされる
理想の人事評価制度をつくろう

11 従業員10名以下の会社で 人事評価制度は必要？

　従業員10名以下の会社に人事評価制度は必要なのでしょうか？

　単に従業員を評価し給与や賞与に反映させる従業員の序列づけのためであれば、従業員10名以下の会社に人事評価制度は不要でしょう。しかし、人事評価制度の本来の目的である「人材育成」のためであれば、従業員を１名でも雇用していれば必要といえます。だからこそ前項の「理想の人事評価制度セミナー」でも「９名以下」の企業が１割以上も出席するのです。人事評価制度の目的は人材育成ですから、評価はＰＤＣＡの「Ｃ：確認」に過ぎないのです（理想の人材にどこまで近づいたのかを確認するに過ぎない）。

　理想の人事評価制度を導入した企業の中には、従業員２名のためだけに導入された事例もあります。当該企業は、会社の将来を任せたくなる２名の中途入社社員を採用して１年経過後に社長の「この２人の能力を伸ばすための仕組みを導入したい」という要望に応える形で人事評価制度を導入しました。

　また、アーティスティックな職種や職人的職種の企業も前項のセミナーに出席されています。セミナー終了後の質疑応答時に当該企業の社長からは「当社の従業員は職人的業務を遂行しており、一人一人担当している業務が異なるので人事評価制度は馴染まないと思ったが、本日習った人事評価制度であれば、人的技量を極めていくうえで非常に有益だと思いました」との感想をいただきました。

　そうなのです！従業員を序列づけるための人事評価制度は、そもそも比較対象のない職人的作業・アーティスティック職種には機能しませんが、能力・技量向上のための（育成のための）人事評価制度であれば十分に活用できるのです。同様の理由から参加の多い業種として、医療法人、調剤薬局、介護関係、保育園・幼稚園が挙げられます。

「理想的な人事評価制度」の目的は
「人材育成」なので、
従業員規模に関係なく、
1名でも雇用したら対象です。

しかも、人材の序列づけや
評価だけを目的としていないため、
職人的な職種・アーティスティックな
職種でも活用できます。

人材育成における評価とは、
PDCA(P:計画、D:実施、C:確認、A:改善)の
「C:確認」に過ぎません。

目的は、どこまで育成できたのかを
確認するということです。

12 なぜ、人事評価制度を
　　　導入しようと思ったのか

　私が毎月、各地で開催しているセミナーにご出席いただく三分の二の企業は人事評価制度未導入企業です。ご出席いただいた企業が「人事評価制度が必要」と感じられた理由を聞き取りした結果を列挙します。

・従業員からの「自分はどのように評価されているのか」という質問に
　答えきれない
・「あなたのことは興味を持ってみている」「我が社はこのような人材が
　欲しい」というメッセージを人事評価制度で発信したい
・「ただ長く働いている人」と「意欲的に働いている人」の賞与の査定が
　同じで良いのか疑問を感じている
・基準がないので、昇給の根拠が示せない
・ヤル気アップ、能力向上のために人事評価制度の復活を検討している
　（以前導入していた人事評価制度は使えない）
・ここまですれば、ここまでもらえるという意識を持ってもらいたい
・働きがいのある組織作りの一環として人事評価制度に興味がある。
・従業員とのコミュニケーションツールとして評価制度を使いたい
・評価制度を人材育成に繋げていきたい
・退職者が増え理由を聞いたところ評価基準の問題であった
・年功だけではない評価の仕方が分からない
・公平・公正で明確な給与基準の作成がしたい
・現状の会社を変えたい
・社員の定着率やモチベーションを底上げして役員との距離を埋めたい
・従業員と方向性を共有し、会社が目指す方向に育ってほしい
・今までは心情的な経営者判断で評価してきたが、ここ数年の間に会社
　が成長し、体系的な評価が必要と感じた

「人事評価制度」がなぜ必要なのか？

それは人材の評価だけではなく、
必ず理由があります。
その理由の一例として・・・

・「自分の何が評価されているのか」の
　問い対して回答できない
・人事評価制度未整備を理由に新卒内定を
　辞退された
・同一労働・同一賃金に対応するため
・計画的に人材を育成していきたい　等々・・・

第3章
こうあるべき人事評価制度

13 理想の人事評価制度が目指すこと

　人事評価制度を活用して実現すべきことは次の３つです。

①人材の育成

　このことはこの本で再三説明してきました。

　では、どうやって人事評価制度で人材の育成をすべきでしょうか。

　24ページ「会社が従業員に要求する能力・技量のハードル設定」を「評価表」に盛り込めば良いのです。詳細は後述する「評価表」の作成手順で説明していきます。

②組織の目的の達成

　あなたの会社ではどのようなことを達成したいですか？

売り上げアップ、人手不足解消、新商品・サービスの開発、交通事故の削減、残業時間の削減……。まずは、達成したいこと・解決したいことを明確にする必要があります。

　私は少なくとも毎年100名以上の社長と意見交換しますが、中には達成したいこと・解決したいことを即答できない社長がいらっしゃいます。しかしそれは即答できないだけであり、実際は必ず回答いただけると思っています。組織として達成したいこと・解決したいことを人事評価制度に組込んでいけば良いのです。

③組織の繁栄

　人材が育成でき、組織の目的が達成することにより、組織自体の繁栄が実現できます。そして、組織が反映するということは、当然、収益もアップしますので、それをぜひ従業員に還元していただきたい。

　理想の人事評価制度を導入することは、**従業員の幸せの実現**に繋がるのです。

従業員の幸せ

組織の発展

理想的な
人事評価制度の導入

「人事評価制度」の導入目的は、
人材育成、組織の繁栄、
従業員の幸せの実現です。

そのために当社が
達成すべき目的は何かを明確にし、
その目的を達成するために
どのような人材が必要かを考えます。

14

「身についた能力・技量」と
　　　　「発揮された能力・技量」

　前項では、理想的な人事評価制度は組織の目的を達成するためのツールであることを説明しましたが、もう少し掘り下げてみましょう。

　組織が目的を達成するための活動を行うのは、パソコンでも、自動車でも、工作機械でもなく、人材です。パソコンも自動車も工作機械も人が扱うもの。売り上げアップも人手不足解消も新製品・サービスの開発も交通事故削減も残業削減も人が行った結果、得ることができる果実なのです。ですから一番重要なことは、人事評価制度を活用して**人材の能力・技量をアップさせ、そのアップした能力・技量を発揮させなくてはなりません（順番は逆でも可）**。これはものすごく重要です。多くの方が「身につけている能力・技量」と「発揮された能力・技量」を混同されています。いくら「身につけている能力・技量」が高度であっても、発揮されなければ組織にとってメリットはなく、目的も達成されません。

　人事評価制度では人材に対して二つのことを実現するのです。

①　人材の能力・技量をアップさせる
②　人材の能力・技量を発揮させる

　この2つが成し遂げられない人事評価制度であれば無意味であると言いきれます。この2つのことを実現できるのが理想的な人事評価制度なのです。

　具体的には、人材ごとに身につける能力・技量を明確にして（ハードルを設定）、その能力・技量を身につけるためのプロセスを計画および実施し、さらに身についた能力・技量が発揮されたことを評価する内容にしなくてはなりません。仮に能力・技量が身につかなかった場合や、身についた能力・技量が発揮されなかった場合は、「ハイ残念、来年は頑張ってください」ではなく、「なぜ、能力・技量が身につかなかったのか？」「なぜ、身についた能力・技量が発揮されなかったのか？」の原因を追究し、その原因を潰していかなくてはなりません。やりっぱなしではだめなのです。PDCAを廻してください。

必死に
PCの色々
身に付けたのに…。○

どーして
配達員…!?

人事評価制度とは
✓ 人材の能力・技量をアップさせる
✓ 人材の能力・技量を発揮させる

人事評価制度とは、
従業員に「能力・技量」を身につけさせ、
その身につけた「能力・技量」を
発揮させるツールです。

ペーパードライバーではだめなのです！

15 人事評価制度にもPDCAが必要①

　私は人事制度以外にも、マネジメントシステム審査業務・指導業務を並行して行ってきました。残業削減、人手不足解消、交通事故削減等の書籍として何冊も執筆経験がありますが、実はすべてマネジメントシステムの書籍です。

　マネジメントシステムといえばPDCAです。(Plan：計画→ Do：実施→ Check：確認、検証→ Act：改善、処置)

　実はすべてのことはPDCAで廻っており、人事評価制度も例外ではありません。1章で述べた「既存の人事評価制度の問題点」がPDCAのどれにあてはまるのかご説明しましょう。

①評価基準が不明確

　人事評価制度策定の段階での不備ですからPの問題です。

②評価のバラつき

　評価のバラつきの原因は評価基準に問題があるのでPの問題です。

③評価結果について被評価者にフィードバックされない

　フィードバックされない原因も評価基準の問題ですからPの問題です。

④評価内容が公表されていない

　評価内容を公表しない仕組み自体が問題なのでPの問題です。

⑤人事評価制度を策定しただけで満足している

　運用ができていないのはDができていないということです。

⑥仕組みが複雑で運用できない(運用しづらい)

　策定時点で複雑にしてしまっているのでPの問題です。

⑦人材育成に繋がっていない

　人材育成に繋がらないということは改善に繋がらないのでAです。ただ、そもそも改善につながらない仕組みですからPの問題でもあります。

⑧全員が良い評価を獲得しても会社の利益になっていない

　そもそも策定時の仕組み自体の問題ですからPの問題です。

人事評価制度にもPDCAが重要！

既存の一般的な
人事評価制度の問題のほとんどは「P」が原因。

「人事評価制度」が機能しない原因は
策定段階にあります。

要するにPDCAの「P：Plan（計画）」
に問題があるのです。

「P：Plan（計画）」が
悪ければすべてが台無しです。

16 人事評価制度にもPDCAが必要②

　前項では、既存の人事評価制度の8つの問題点のうち、7つまでが「P：Plan（計画）」での問題でした。

　となると、そもそも策定時点で**問題のほとんどは解決され、人事評価制度が完成する**ということになります。要は策定された人事評価制度自体に問題があるのですから、いくらPの後のDCAを廻したとしても限界があるということです。

　製造業でもどうしようもない不良製品は手直しできませんので、廃棄もしくは再生加工（修正ではなく）しますが、それと同じなのです。

　ちなみに製造業では、「段取り八分」という格言があります。段取りとは計画でありPのことです。要するに計画が適切であれば、80%成功したようなものということになります。

　以上のことから、人事評価制度は策定の時点で「人材の育成に繋がる」「組織の目的が達成できる」が組み込まれたものでなくてはなりません。

　既存の一般的な人事評価制度の問題点として、評価基準があいまいであるため明確な評価ができない、人事評価制度の仕組み自体が複雑なため運用できない、ということが非常に問題であり、前者は使ってみたけど使えない、後者はそもそも使えないということになります。

　いずれにしても土台・基礎である「P：Plan（計画）」が脆弱・欠陥があるために仕組みとして機能できないのです。

　PDCAを語るうえで非常に重要なことの1つとして、**すべての問題に原因がある**（すべての事象に根拠がある）ということがあります。

　なぜ、そのような人事評価制度が完成してしまうのか？

　これから新たに人事評価制度を導入する企業は、欠陥のある人事評価制度策定の原因を予測して臨まなくてはなりません。

「人事評価制度」策定完了は、
人事評価制度活用のPlanです。

しかし、そのPlanに問題があれば、
すべて台無しとなります。

「評価基準があいまいであるため
明確な評価ができない」
「仕組みが複雑なため運用できない」

などの理由は、
人事評価制度の大きな欠陥といえます。

17 人事評価制度に込めるのは IT技術よりも「想い」

　先日、「理想の人事評価制度セミナー」にご出席いただいた若手経営層の方から出席動機を伺いました。

　「インターネットで"人事評価制度"と検索すると、IT関連の管理ソフトやクラウドで評価・管理するシステムばかりがトップに出て、人事評価制度自体の検索結果の少なさに辟易し、検索結果のトップページ以外に掲載されていた当セミナーに申し込みました」

　確かにグーグルやヤフーで"人事評価制度"と検索すると、人事評価制度自体の検索結果が少ないですね。正しくは、オーガニック検索結果ではなく、いわゆるPPC広告としてIT関連広告が表示されています。

　これらのIT関連ソフトやクラウドのシステムは、ある一定以上の従業員数の企業で使えば便利ですが、中小企業においては蛇足のシステムになり得る可能性がありますので、導入に際しては自社の現状と目的を販売元企業にしっかり伝え、相談に乗ってもらうと良いでしょう。

　私が考える小企業の人事評価制度に一番必要なこと。それは、「**社長の想い**」です。「**社長の想い**」こそ人事評価制度に込めなくてはなりません。

　ですから、自社に対する「想い」がない社長の場合、良い人事評価制度は完成しないでしょう。今でもたまにお目にかかるのですが、「そんなことどうでもよいので、良きに計らってくれ」というようなお気楽な社長が経営する企業では、人材は育ちませんし、目的も達成できません。

　そしてまともな従業員であれば、社長の「自社の存在意義をどのように捉えているのか？」「5年後にはどんな組織にしておきたいか？」「どのような人材を求めているのか？」などの想いに興味がないわけがありませんので。

人事評価制度

人事評価制度を運用するうえで
ＩＴ技術は活用できますが、
人事評価制度の策定に一番重要なことは
社長の「自社・従業員への想い」が
込められていること。

人材を単なるコマとして扱う企業の人事評価制度には、
社長の"想い"は不要です。

理想的な人事評価制度策定成功のカギは、
どれだけ社長の"想い"を「人事評価制度」
に込められるかです。

18 外国人など、多様な人材を雇用し活躍してもらうために

　今後、日本社会ではより一層、働く人材の多様化が進みます。その一番手として外国人材、二番手として高齢人材です。そして、働きながら子育て、介護、自身の持病や障がいの治療及び勉強等を行っている方である「働きながら族」も、制約のある中での活躍が期待されています。また、同一労働・同一賃金への対応も踏まえて、人事評価制度を整備する必要があります。

　そのためには、身につけるべき能力・技量が曖昧であったり、評価項目や評価基準が曖昧な人事評価制度では不完全であることは言うまでもありません。

　今まで、日本人は良くも悪くも「阿吽の呼吸」や「言わなくても察してもらえる」など、曖昧な文化を好み過ごしてきました。それ自体は悪いことではないのですが、人口に占める外国人の割合、従業員に占める外国人の割合が増加するにつけ、曖昧では片づけられない状況になりつつあります。言うべきことは言い、伝えるべきことは伝えなくてはなりません。

　従業員が身につけるべき能力・技量を明確にしたうえで明文化し公表すべきです。そして、どのようなことを評価するのかの評価項目および何ができたら良い評価が与えられるのかの評価基準も明確、明文化し公表しましょう。

　既存の人事評価制度のように、評価項目や評価基準（いわゆる「要素」と「基準」）を曖昧にしたまま、高評価を与えないいわゆる「後出しジャンケン」のような制度では外国人は働いてくれませんし、高齢者も安心して働くことができません。

　企業は人材を採用するとき様々な方法で選びますが、選ぶのは企業側だけではないのです。働く側も企業を選びます。様々な人材から選ばれる企業であるためには、人事評価制度が足かせになってはいけませんね。

これからさらに増える外国人、
高齢労働者、働くことに制約のある
人材（子育てや介護中の方など）。

すべての人材に等しく、評価項目・評価基準を
理解していただける人事評価制度が必要です。

企業が人材を選ぶのと同様に、
人材も企業を選ぶのです。
人材から選ばれるための
「人事評価制度」を策定しましょう。

19 理想の人事評価制度には目標管理が含まれる

　セミナー出席の方や人事評価制度指導先企業の担当者からよくされるのが、「**目標管理と評価制度は連携させた方が良いですか？**」という質問です。

　人事評価制度コンサルタントの中でも意見は分かれるようですが、私からすると、そもそも的を射ていない質問のように思えます。なぜなら、理想の人事評価制度には達成すべき目標、到達点が含まれているはずですから。

　一般的な人事評価制度では「成果」に目標管理の結果を含めるか否かを迷われる方が多いようです。理想の人事評価制度では、企業が目的を達成するために人材が身につける能力・技量・考え方などのハードルをあらかじめ設定し、そのハードルを越えることを目標とするのです。

　また、自社の課題・問題を解決するために、従業員個人が達成すべきことを明確にする項目もありますからこれも目標といえるでしょう。さらに成果としてどのような能力・技量が発揮されたのかの評価基準も明確にしますので、最高評価を獲得することが目標となり得るのです。

　一般的な人事評価制度では、従業員個人が到達すべき能力・技量のハードルを設定していない、もしくは曖昧な設定となっていて、目標となり難く、また、評価基準も曖昧で、従業員としてはどこまでやれば良いのかを理解しかねるのです。結果、「がんばりました」というどうにでもとれる結果となってしまいます。

　そのため目標は、達成度判定可能で、実施計画が立案でき、かつ、達成時に達成感を感じられることが必要でしょう。目標は必ず達成すべきであり、達成できない場合は、原因があります。その原因を追究し取り除かなくては、いつまでたっても目標の達成はあり得ません。

　あなたの会社は、目標が達成できないことに慣れきっていませんか？

人事評価制度
のおかげで

色々できる
ようになったわ

理想的な人事評価制度には
目標管理も含まれます。

会社が人材に対して到達すべきハードルを設定し、
その達成基準も明確にして
あらかじめ公表しておきましょう。

理想的な人事評価制度で設定した到達すべきハードルを
超えることにより、目標を達成してもらうのです。

この達成感が人材育成の大きなポイントとなります。

20 5年間同じ内容の 人事評価制度は大問題！

　たとえば、公共工事を中心に請け負っている建設業者で監理技術者である従業員への評価基準が下記のように定められているとしましょう。

　S評価：獲得した発注者からの評定点数が平均83点以上

　B評価：獲得した発注者からの評定点数が平均78点以上83点未満

　D評価：獲得した発注者からの評定点数が平均78点未満

　この評価基準が5年間変更ない場合は、当該建設業者が組織として底上げできていないことになります。5年後には次の基準であるべきです。

　S評価：獲得した発注者からの評定点数が平均85点以上

　B評価：獲得した発注者からの評定点数が平均80点以上85点未満

　D評価：獲得した発注者からの評定点数が平均80点未満

　5年前は平均点数が83点の場合、「S評価」が付与されましたが、5年後で同点数の場合は「B評価」とランクダウンとなり、評価基準が厳しくなっています。

　このように数年ごとに評価基準を厳しくするべきですし、評価項目自体も組織の状況、社会的状況を鑑みて変えていくべきでしょう。5年も経てば給与・賞与等の人件費も上がりますので従業員の能力・技量も上げていかなくてはなりません。また、これは会社側の都合かもしれませんが、法定福利費、福利厚生費および原材料費等も増加しますので、従業員にはより一層の組織への貢献が求められるわけです。

　見直しにどれくらいの期間が適切なのかは、組織によって異なります。組織としてはなるべく短期間で底上げできれば言うまでもありません。

　人事評価内容が10年以上改訂されていない企業にお目にかかる場合がありますが、あまり支障を来たしていないのです。なぜなら、そもそも評価基準が不明確ですから。そして、当該企業は人事評価制度が不適切なため人材育成も組織の目的達成もできていません。

人件費、法定福利費、原材料費などは
毎年負担が増加する。

その増加に比例して、人材の能力・成果も
上げていかなくてはなりません。

そのためには、明確な評価基準を設定し、
その評価基準を数年ごとに引き上げること。

5年前の高評価基準が
現在では普通になるように。

さらに「人事評価制度」自体もバージョンアップが必要です。
バージョンアップしやすい仕組みにしておきましょう。

21 「人事制度」と「人事評価制度」の違い

「人事制度」と「人事評価制度」の違いを説明しましょう。

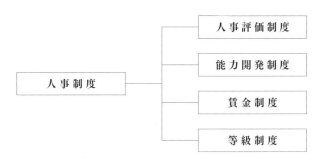

「人事制度」は次の構成となっています。
・人事評価制度
・能力開発制度
・賃金制度
・等級制度

　各制度の呼称は企業や指導者によって異なり、構成については様々な考え方が存在しますが、私としては25年間、前述の概念で指導に当たってきました。

　「人事制度」を構成する4つの制度の中で「人事評価制度」が一番策定に手間がかかるのです。「人事制度」を策定する手間の中で6割以上を占めるのではないでしょうか。

　「人事制度」の指導者にとって、「能力開発制度」が一番曲者のようですが、私にとっては一番シンプルに考えらえる制度です。ちなみに理想的な人事評価制度には、「能力開発制度」が含まれています。

　また、「賃金制度」については「就業規則」との絡みもあるため、社会保険労務士に相談されると良いでしょう。

人事制度

人事評価制度

「人事制度」は、
「人事評価制度」「能力開発制度」
「賃金制度」「等級制度」という
4つの仕組みから構成されています。

中でも一番難しく、
面倒なのが「人事評価制度」です。
理想的な人事評価制度には
「能力開発制度」も含まれます。

「賃金制度」については、「就業規則」との絡みから
社会保険労務士へ相談するのがおすすめです。

第4章

策定がカンタン・
運用がラク・
成果がわかりやすい
人事評価制度を考える

22 究極の理想的な人事評価制度とは?

　まえがきで究極の理想の人事評価制度とは、「会社・社長および従業員にとって楽しく・嬉しい人事評価制度」であることを説明しましたが、それはまさしく、「会社・社長および従業員が**興味を持てる人事評価制度**」ということです。では、どんな人事評価制度であれば興味がもてるでしょうか。

　会社・社長＝人事評価制度を活用して業績がアップすること

　従業員＝自分に対して評価のフィードバックがあること

　会社側としては人事評価制度を活用して儲かれば良いのです。そして、そのような人事評価制度も策定し運用できます。

　しかし重要なことは、従業員へ評価結果をフィードバックする重要性を理解することです。従業員に対して、明確な根拠を基に評価結果をフィードバックできていないのであれば、その人事評価制度自体もしくは人事評価制度の運用方法として0点です。

　あなたは勝ち負けのない将棋をさしますか?頂上のない山に登りますか?完成しない建物を造りますか?

　従業員には、自らが目指すべき方向・段階・到達点を認識したうえで活動した結果である評価を知る権利があります。評価結果を明確な根拠とともに知り、どれくらいの高さの山にどこまで登ることができたのかを認識したいのです。

　評価結果の根拠が明確であれば、芳しくない評価であっても受け入れられます。逆にいくら良い評価結果であっても根拠が不明確であれば心地の良いものではないでしょう。

　従業員からみた「理想的な人事評価制度」とは、**評価項目と評価基準が明確であり（要素と基準）**、評価結果をその根拠とともに従業員にフィードバックする仕組みがある人事評価制度です。

会社や社長にとっては、
人事評価制度を活用して業績が
上がることを望むかもしれないが、
従業員側としては、
「自分に対して評価のフィードバックが
あること」が重要。

明確な根拠とともに
評価結果を従業員へ
フィードバックできない人事評価制度は
欠陥と言わざるを得ません。

23 人材育成が「できる」

　"できた"ではなく"できる"が重要であることは先述しました。

　「理想的な人事評価制度」では、「人材育成ができた」ではなく、「人材育成ができる」が必要です。要するにあらかじめ人材育成が実現できる要素を仕込んだ人事評価制度を策定し、運用、検証および改善していくのです。

　人事評価制度だけではなくマネジメントシステムの専門家として、ＰＤＣＡに当てはめ解説します。

　【Ｐ】人材育成のための評価要素を仕込み、具体的な評価基準を明確にした人事評価制度を策定。良い評価を獲得するための評価基準をクリアする行動計画立案。

　【Ｄ】行動計画を元に実施する、日々努力する。

　【Ｃ】行動計画の実施状況及び評価基準に対する達成状況を検証（できていたら根拠を明確にしたうえで褒める）。

　【Ａ】検証の結果、問題なければそのまま継続してさらに改善点を模索。思わしくない場合は修正し、原因を追及して再発防止策を施す。

　【Ｐ（２）】改善や是正を反映した仕組みを策定する。

　【Ｄ（２）】策定した仕組みを運用していく。

　ここでも非常に大切なキーワードは「ハードルの設定」です。

　「ハードルの設定」とは、人事評価制度で良い評価を獲得するためのもの。従業員が身につけるべき能力・技量・力量のハードルを設定することです。このような説明をすると「それはノルマの設定ですか？」と仰る方がいらっしゃいますが、まったく違います。

　「ハードルの設定」は「ノルマの設定」ではなく自分が何をすべきなのかという迷いからの「解放」なのです。

業績UP!

仕事への自身がついた！

仕事への自信がない…

この目標ならできるわ！

人事評価制度導入

PDCAを活用して人材育成が
計画的に実現できます。

人材が身につけるべき能力・技量・力量の
ハードルの設定が必要です。

ハードルの設定は
ノルマの設定ではなく「解放」なのです。
人はハードルを1つひとつ越えていくことに
より成長できるのです。

24 組織の目的を達成する

　第3章「13・理想の人事評価制度が目指すこと」で組織の目的を達成することについて触れましたが、具体的にどのような目的が達成できるのでしょうか。その回答としては、**社長として達成したいことのほとんどが達成できる**といえます。もちろん本当です。ただし、以下の条件があります。

①達成したいことを明確にして社内に周知する

②達成するために必要なことを人事評価制度の評価項目（要素）入れ込み、実現の計画を立案する

③評価項目（要素）で良い評価を獲得できる活動を行う

　組織の目的として下記のような例が挙げられます。

・売り上げを劇的に向上させる

・交通事故を削減する（運送業）

・ムダな残業時間・労働時間を削減する

・商品企画・販売企画を年間○案策定する（販売商社）

・新製品を開発する（製造業）

・顧客クレームを削減する（医療・介護事業）

・製品不良を削減する（製造業）

・実行予算を厳守して適正利益を確保する（建設業）

・資格者を育成する（建設業、運送業）

・社長の後継者・片腕・No.2を育成する

・営業利益を1.5倍にする

　これらの明確な目的を社長自身が描けているのかが重要です。「3年後にどのような組織にしておきたいか」「自社の解決すべき課題は何か」という質問に対して、回答できない社長が代表を務める組織では「理想的な人事評価制度」の導入は無理といえます。

必ずこうしたい
そうするには…

「人事評価制度」は
目的達成ためのツールです。

それ故に社長は達成したい目的を
明確にしなくてはなりません。

自分の会社をどのようにしたいのかが
わからない社長には、
「理想的な人事評価制度」は策定できないでしょう。

そのようなお気楽な社長は、
形だけの人事評価制度を
導入して自己満足に浸りがちです。

25 「人事評価制度」と「就業規則」の関係

　「人事評価制度」と「就業規則」は、両方とも大切であり、使いこなすべきツールです。ただ、ほとんどの企業で使いこなせていません。

　一般的には、「就業規則」はリスク回避のためのツールと考えられており、そのような活用がなされています（個人的には「就業規則」をもっと日常業務の改善につなげるツールにすべきと考えていますが）。

　対して、「人事評価制度」は、機会活用のツールといえます。

　リスクと機会についての詳細な説明は控えますが、リスクは防止する対象であり、機会は改善につなげる対象といえます（詳しくは拙著『働き方改革に対応するためのISO45001徹底活用マニュアル』参照）。

　一般的な「就業規則」は、「従業員としての義務」「してはならないこと／しなくてはならないこと」が規定されていますね。要するに、組織にとって現状を維持するためのツールといえます。

　「人事評価制度」は、この本で今まで説明してきたように、人材育成を経て目的を達成するためのツールです。また、従業員を褒めて伸ばすツールとも言えます。

　従業員教育は子供への教育と同じ側面があります。

　子供へは「アレしちゃだめ、コレしちゃだめ」と言うより、「アレしてくれると嬉しいな」と伝えるほうが効果的で、だからこそ、できたときに褒めてあげられます。

　従業員に対しても「コレしてくれると会社・社長・上司・お客様が喜びますよ」と伝えるべきであり、その伝えるツールこそが「人事評価制度」だと言えるでしょう。

「就業規則」は、
現状を維持するためのツール。

「人事評価制度」は、
より良くするためのツール、
そして、従業員を褒めて伸ばすためのツールです。

「理想的な人事評価制度」において、
何ができたら評価されるのか？
を明確にして、
人材の行動を促しましょう。

26 理想的な人事評価制度は
　　　　管理者も育成できる

　人事評価制度は人材育成のツールであることを説明してきましたが、育成対象とする“人材”とは、どの階層の人材なのでしょうか？

　一般的には、新入社員レベルから非管理職である80％〜90％くらいの従業員です。（小企業の中には社長以外の3人の社員全員が部長職である企業もありますが、そのような事例はここでは除きます）

　しかし、「理想的な人事評価制度」の人材育成対象は、非管理職は当然のこと、マネージャークラスを含めた管理職も対象となります。

　要するに**「理想的な人事評価制度」では、役員以外は人材育成の対象なのです。**

　セミナーでよく伝える内容として、「10:80:10の法則」があります。人材のうち上位10％が自ら考え行動し、中位80％が指示されたことをこなし、下位10％が指示したことがこなせない人材、という意味です。

　この「10:80:10の法則」は組織全体の割合ですから、管理職と非管理職でこの割合は変わりますが（管理職では上位10％人材の割合が増える）、管理職を人材育成の対象としないということは、この上位10％の人材のうち一定数を育成対象から外していることになるのです。また、管理職の中でも上位10％に入っていない問題人材についても育成対象外としていることは、**組織にとって非常に恐ろしいことではありませんか？**

　「理想的な人事評価制度」は、管理職も育成対象ですから、組織の充実度はさらに増していくことになります。

　今まで、人事評価制度で管理職を育成することなど思いもよらなかった方々からすると驚きな話かもしれませんが、「理想的な人事評価制度」では、一般従業員と一緒に管理職の育成もできるのです。

私たちも取り組まないと
いけないですね！

管理職A

管理職B

管理職C

「理想的な人事評価制度」は、
管理職も育成対象です。

管理職の力量を伸ばし・発揮させてこそ、
組織の発展が実現できるのです。

管理職が育成できれば、
組織として最強のアドバンテージを
手に入れることになるでしょう。

27 「人事評価表」はＡ４サイズ１枚で！

　私は20年以上マネジメントシステム審査員として従業員数2名から数万人規模の企業へ1200回以上の審査を実施し、その都度、経営トップへ詳細なインタビューを実施してきました。

　そのマネジメントシステム構築について一時、マニュアルの薄さ（薄いほど良い？）を競うような風潮がみられましたが、「人事評価表」においてもシンプルな方が良いのでしょうか？

　この件は一概に回答できませんが、あまり複雑な場合、運用に支障をきたすことがあります。確かに私自身膨大な数の「評価表」を創り、みてきましたが、みただけで嫌になる「評価表」というのもあります。

　組織により様々な事情がありますが、人事評価制度の運用をスムーズにしたいのであれば、なるべくシンプルな「評価表」にした方がいいでしょう。評価項目を細かくしすぎてしまうと運用が大変になります。

　もし、評価項目を細かくしすぎてしまう理由として、末永く使うためということがあるのならば、それは問題ですね。3章で"5年間同じ内容の人事評価制度は大問題"だと説明したように、評価基準が5年間同一ということは組織の底上げができていないという証拠になるからです。

　「理想的な人事評価制度」は、評価項目（要素）および評価基準は、毎年もしくは2, 3年ごとに変えていくべきです。「毎年変えるのは大変！」と思われる方もいらっしゃると思いますが、「評価表」を創り込む仕組みを「マニュアル」化しておけば毎年改定することは苦ではありませんし、かえって非常に楽しい作業になるはずです。なぜなら、管理職を含めた人材を育成し、組織を良くするための要素と基準を年に一度、洗い出し認識できるからです。

　ですので、「評価表」はなるべくシンプルに。Ａ４で１枚程度が理想かもしれません。

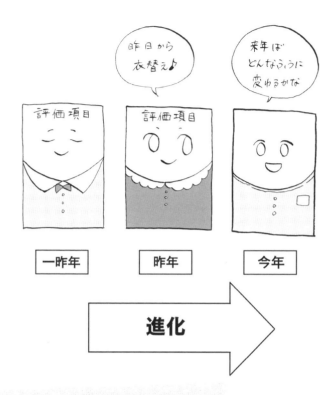

「評価表」は、
運用のしやすさで考え、創り込む。
運用のしやすさを考慮すると
シンプルな「評価表」であるべき！

そして、「理想的な人事評価制度」は、
評価項目や評価基準を毎年もしくは
2〜3年ごとに改定・変更し、
組織を良くするための要素と基準を、
洗い出し認識しましょう。

だからこそ組織の発展が可能なのです。

28　年4回の進捗管理で
　　　　改善の機会も4倍に

　すでに人事評価制度を導入されている企業の評価者の方にお尋ねします。人事評価制度について考える時間はどれくらいありますか？

　たとえば、評価対象期間が前年4月1日から本年3月31日で、評価実施期間が4/1〜4/30だとすると、人事評価制度について考えるのは4/15〜4/30の評価実施期間の15日間程度ではないですか？要するに、年1回の評価時期にだけ人事評価のことを考えているのだとすれば、大きな問題です。

　評価対象部下への評価について、期末に近いせいぜい本年1月から3月くらいのことを思い浮かべ、年に一度の評価を実施した結果、「期末傾向（期末の印象で評価する）」「中心化傾向（年間通しての評価ネタが思い出せないので当たり障りのない評価をしてしまう）」が横行します。

　評価される側にとっては大迷惑です。評価対象期間は365日あるのに、期末の活動・成果だけで判断されてしまう。この状況では期末だけ頑張る人材も出てくるでしょう。

　年間365日を通した評価対象ではなく、人材育成対象とすべきです。そのためには、組織が設定したハードルである評価項目（要素）と評価基準への達成度について、最低でも四半期ごと（三カ月に一度）、可能であれば毎月、評価者（通常は上司）は被評価者（通常は部下）と面談し、進捗状況をお互いに共有すべきなのです。

　これこそが人材育成のPDCAを廻すことになります。評価が年一度ということは「C：Check（検証）」が年1回のみであるということ。一年かけてPDCAが一回転だけでは、たとえ人材育成項目が評価項目に入っていたとしても、改善としての人材育成は難しいでしょう。しかし、四半期ごとに（三カ月に一度）進捗状況を検証できれば、PDCAは一年のうち4回廻せることになり、改善の機会が4倍に増えるのです。

「理想的な人事評価制度」は、
評価の進捗管理を年1回ではなく、
年4回（3カ月ごと、できれば毎月）
実施すべき。

人事評価制度の目的は人材育成。

人材育成のために年4回の
進捗管理を実施した場合、
PDCAも4回廻すことができます。

人材育成の改善の機会が4倍になるのです。

29 問題が起きたとき、　すぐに再発防止の対策ができる

　評価の進捗管理の結果、次の状態だった場合はどうしたらいいでしょ
うか？
　評価期間：本年４月１日から翌年３月31日（進捗管理は毎月）
　評価項目：顧客クレーム数
　評価基準：年間クレーム数がS＝０件、A＝１件、B＝２件、C＝３件、
　　　　　　D＝４件以上（Sが最高、Dが最低評価）
　→５月末の進捗管理実施時点でクレームが４件発生

　１年間の評価対象期間のうち、２カ月の時点で最低の「D評価」が確
定してしまいました。従業員（被評価者）としては、今さら頑張っても
良い評価は獲得できないので、残りの10カ月を投げやりな状態で過ご
してしまいそうです。組織としてこの状態を放置して良いわけがありま
せん。では、どうするのか？
　なぜ、最初の２カ月間にクレームが４件も発生してしまったのか原
因を追究しなくてはなりません。ただ、ある一定規模以上の製造業や
QMS導入企業以外はこの“原因追究”が非常に苦手なようです。
　最低でも「なぜ」を三回繰り返し、真の原因を追究すべきです。そし
て、原因を特定したうえで、それを取り除くことが再発防止策（是正処
置）です。人事評価制度の運用においてもこの再発防止策が重要です。
**従業員が最低の評価を取るということは、組織にも問題が発生している
ということです。放置してはいけません。**クレームが頻発した原因を特
定し、取り除き、その後のクレームの発生状況を監視し、場合によって
は別の処置を施すという再発防止策のPDCAを廻す必要があります。
　このような再発防止策を施さず放置することになれば（評価しっぱな
し）、人材育成など成し遂げられるはずもなく、人事評価制度自体の欠
陥であるといえるでしょう。

時間指定したはずだろう！

運賃の見積もりいつまで待たせるの？

君あおり運転してたよね

乱暴に扱うから中のもの割れてたわ！

問題発生したときには、
なぜそのようなことが起きたのか、
真の原因を追究することが重要。

人事評価制度において、
従業員が最低評価をつけられることは、
そのまま企業の評価につながり、
組織に問題があると言える。

問題の再発防止を実現するには、
頻繁な評価の進捗管理を行う
「理想的な人事評価制度」が必要。

30 理想的な 人事評価制度の要件（まとめ）

　ここでは、人事評価制度指導歴25年超のマネジメントシステム専門家として、私の考える理想的な人事評価制度の要件をまとめてみます。

①短期間で簡単に策定できる

　1日から1カ月以内で完成する。

②導入費用があまりかからない

　人事評価制度の策定を自力で行う組織は稀で、多くは専門家の指導を仰ぐのですが、その指導費用が何百万円もかからないこと。

③策定しやすく、使いやすい

　人事評価制度は策定しやすく、運用しやすくなくてはなりません。

④社長の"想い"が込められている

　中小企業で起こることのすべては社長の責任。その最高責任者である社長の「このようにしたい！」という想いを込める必要があります。

⑤社長と従業員が興味を持てる人事評価制度である

　社長としては「業績アップ」が目的であっても、従業員が興味を持つのは「自分がどのような評価をされたのかフィードバックがある」という点です。フィードバックするためには明確な評価基準が必要です。

⑥従業員を育成するためのツールとなる

　従業員が良い評価を得られるようになるために、身につけるべき能力・技量・力量のハードルを設定し、「コレをすれば会社・社長・上司・お客様が喜びますよ」という、何ができたら評価されるのか？を明確に伝えるためのツールとなります。

⑦組織の目的が達成できる（成果が明確である）

　人材育成を実現したうえで、組織の目的を実現するのです。

⑧一般従業員だけではなく、管理職も育成できる

　「理想的な人事評価制度」は、管理職も育成の対象としています。

⑨**評価表がシンプルである**

　評価項目（要素）および評価基準は、毎年もしくは2，3年ごとに変えていくべきです。運用をスムーズにしたいのであれば、可能な限り「評価表」はA4で1枚におさまるくらいシンプルにします

⑩**進捗管理（中途評価）をこまめに実施し評価しっぱなしにしない**

　評価結果が思わしくない場合、原因を追究し、再発防止処置（是正処置）が必要です。

「カンタンすぎる人事評価制度」を
開発したきっかけ

そもそも、理想的な人事評価制度など存在するのでしょうか？

実はあるのです！

それは、私が開発した「カンタンすぎる人事評価制度」です。この「カンタンすぎる人事評価制度」は、多くの社長さんからの要請に基づき開発しました。

今までの膨大な数の社長さんへのインタビュー経験において、多くの方々から「社長である私の想いを反映した人事評価制度を創ってはいけないのですか？」と質問を受けました。

自社への想いがある優秀な社長ほど人事評価制度に対しても想いがあるのです。ただ、「社長が創る」といっても中小企業の社長さんは皆、とても多忙です。そこで、短期間で策定でき、運用もラクにできる人事評価制度の開発に取り組んだ結果、完成したのが「カンタンすぎる人事評価制度」です。

次章から、その理想的な人事評価制度について詳しくご説明いたします。

第5章

理想的な
「カンタンすぎる
　人事評価制度」

「カンタンすぎる人事評価制度」を
創るための材料

　「カンタンすぎる人事評価制度」の創り方の前に、「プロセス」について ご説明します。マネジメントシステムにおいて「プロセス」とは、「イ ンプット（入力）をアウトプット（出力）に変換する活動のこと」です。

例1：材料（インプット）を調理し料理（アウトプット）が完成する
例2：電波（インプット）でラジオから音声（アウトプット）が流れる
例3：知識（インプット）で問題を解き解答用紙（アウトプット）ができる

　要するにインプット（入力）とは、アウトプット（出力）を創るための ネタ・材料です。では、「カンタンすぎる人事評価制度」を創るためのネ タ・材料は何でしょうか？
　私自身の1200回を超えるトップマネジメント（通常は社長）インタ ビューからインプットしたネタとしては、現時点で次のことが最良と考 えられます。
①自社の存在価値（自社の品質）
②3年後（5年後）の自社の理想的な姿
③会社・社長の理想とする人材像
④会社・社長の理想とする業務姿勢像
⑤組織として解決すべき課題・問題

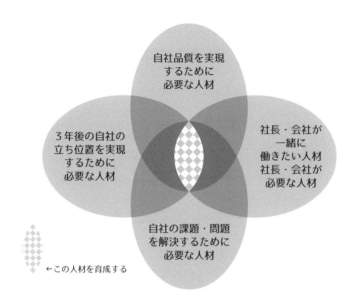

自社品質を実現
するために
必要な人材

３年後の自社の
立ち位置を実現
するために
必要な人材

社長・会社が
一緒に
働きたい人材
社長・会社が
必要な人材

自社の課題・問題
を解決するために
必要な人材

←この人材を育成する

　上記、４つの円のうち、１つでも該当する人材ならば組織にとってありがたいのですが、それが、２つ、３つ、４つと増えていくごとにさらに最良の人材ということになります。
　「カンタンすぎる人事評価制度」は、単なる評価制度ではなく、組織にとって最良の人材を育成する仕組みなのです。

「カンタンすぎる人事評価制度」を
創るためのネタ・材料とは？

　　①自社の存在価値（自社の品質）
　　②３年後（５年後）の自社の理想的な姿
　　③会社・社長の理想とする人材像
　　④会社・社長の理想とする業務姿勢像
　　⑤組織として解決すべき課題・問題

⇒「カンタンすぎる人事評価制度」は、
組織にとって最良の人材を育成する仕組み。

33 「カンタンすぎる人事評価制度」の 創り方－1

　「カンタンすぎる人事評価制度」の策定は、社長を含め2〜3名ほどで策定します。

　策定時間の目安として、一日（6時間ほど）で「評価表」を3種類ほど策定できます。おおよそ30名ほどの組織であれば、3種類ほどの「評価表」を策定できれば、人事評価制度が運用できるのではないでしょうか（100名の組織でも3種類の「評価表」作成で済む場合もあります）。

　この策定作業は、とても頭を疲れさせるものですが、経営層にとって、これまで自分の会社のことをこんなに掘り下げて考えたことがあっただろうか？と思えるような、非常に有意義な作業となることでしょう。

大前提：「カンタンすぎる人事評価制度」導入目的の決定

　人事評価制度を導入し、組織として達成したい目的を明確にしてください。

準備①：各部署の業務内容と評価のためのキーワードを洗い出す

　まず、あなたの会社の「組織図」を用意してください。「組織図」が無い会社はその場で作成してください。よほど複雑で大きな組織でなければ、5分もあれば作成できます。

　次に「評価表」を策定する部署の業務内容（業務分掌）を洗い出し、文字にして書き出していつでも見られる状態にしておいてください。

　さらに評価項目（要素）に関連がありそうなキーワードを洗い出し、こちらも文字にしていつでも見られる状態にしておいてください。

【キーワード例】

　売上、利益、訪問件数、顧客クレーム、不良率、歩留まり、事故件数、評価点数、まじめさ、あいさつ、販売数、処理数、企画、かげひなた、おしゃべり、喫煙、生産性、提案、創意工夫、残業、信頼性‥‥‥‥など。

本当に一日（六時間）ででき た！

「カンタンすぎる人事評価制度！」は、
30名ほどの企業の場合、一日で完成できます。

100名超規模の企業であっても
数日で完成できます。
策定に参加するのは社長を含めて3名ほど。

ただし、とんでもないくらい
社長の脳みそを酷使します。
でもたったの6時間ですから
我慢してください。

「カンタンすぎる人事評価制度」の
創り方－2

準備②：「評価表」を何種類作成するのかを決める

　「組織図」や各部署の業務内容（業務分掌）を洗い出せば、「評価表」を何種類創ればいいのかわかります。「評価表」の策定種類数は、一概に従業員数では決まりません。実際に私の指導先でも、従業員数7名の企業で4種類の「評価表」を策定した場合や、従業員数100名近い企業で営業関連、事務関連、現業関連の3種類で済んだ場合もあります。もし課（部署）が15部署ある場合、15種類の「評価表」の作成が必要ともいえるでしょう。策定種類については様々な事例があり、実際の組織の状況を踏まえて確定してください。

　職能資格等級が存在している場合、次のような考え方もできます。たとえば、製造業で職能資格等級が6等級あり、部署が製造部、営業部、総務部の3部署の場合です。

製造部	営業部	総務部	
6等級	6等級	6等級	4，5，6等級の製造部、営業部、総務部の「評価表」を策定する
5等級	5等級	5等級	
4等級	4等級	4等級	
3等級	3等級	3等級	1，2，3等級の製造部、営業部、総務部の「評価表」を策定する
2等級	2等級	2等級	
1等級	1等級	1等級	

　要は、製造部、営業部、総務部で各2種類（1-3等級用、4-6等級用）の「評価表」を計6種類作成するのです。

　策定の基準として、1-3等級の「評価表」を策定する場合は、真ん中の2等級の人材をイメージして策定します。部署ごとで作成する場合も、部署内で真ん中程度と考えられる人材を想定して策定します。

評価表を
　何種類にすべきか？

部、課の数にもよる？

真中の人をイメージして
策定しよう！

㊎　　㊌　　㊟

人事評価制度導入の大前提として
導入の目的を明確にしてください。
そして、前準備として、

① 各部署の業務内容明確にする
② 評価に使えるキーワードを洗い出す
③「評価表」を何種類作成するのかを決定する

「評価表」を策定する場合は、
能力が真ん中程度だと考えられる人材を
思い浮かべながら策定していきます。

「カンタンすぎる人事評価制度」の 創り方 - 3

35

ステップ1：自社の存在価値、品質を明確にする

　あなたの会社はお客様にどのようなモノ・コトを提供してお捻り（売上）をいただいているのですか？

　トラック運送業は、荷物を運ぶだけ？住宅建築業は、家を建てるだけ？介護事業は、入所者に介護を提供しているだけ？ホテルは、ゲストにお部屋を提供しているだけ？食品製造業は、食品を造っているだけ？

　あなたの会社の存在意義は何でしょうか？もし、あなたの会社がなくなってしまったら困るのはどのような人や企業ですか？

　これらのことを深く深く掘り下げていきましょう。

　そして、自社の品質を実現できる人材・存在価値を提供できる人材とはどのような人材なのか考えます。次に、その人材が身につけるべき能力を明確にします。最後に、身につけるべき能力を反映した評価項目（要素）と評価基準（何ができれば最高評価がもらえるのかなど）を決めるのです。

ステップ2：自社の3年後の姿をイメージする

　経営者は、自社はどのようになっていくのか未来を具体的にイメージしておかなくてはなりません。

イメージの例

・社会的立ち位置は？　　　・売り上げ・利益は？

・従業員数は？　　　　　　・新製品の開発状況は？　　など

　3年後の自社の理想的な姿をイメージしたら、その姿を実現するためにどのような人材が必要か、そしてその人材が身につけるべき能力・技量を明確にしていきます。そして、身につけるべき能力・技量を反映した評評価項目（要素）と評価基準（何ができれば最高評価がもらえるのかなど）を決めます。

清潔で心地いいわ！
スタッフも最高ね！

あなたの会社が提供している価値を
「これでもか！」というほど
深く深く追求します。

また、3年後に自社がどのような
立ち位置・状況になっているのか、
具体的な理想像を思い描いてください。

その「自社の価値」「3年後の自社の姿」を
実現するためにはどのような人材が必要なのか、
そしてその人材が身につけるべき能力は
どんなものなのか、明確にしましょう。

36

「カンタンすぎる人事評価制度」の 創り方－4

ステップ３：理想とする人材像を決める

会社にとって必要な人材とはどのような人材ですか？

- ・即戦力となる人材／中長期的にみて育成見込みのある人材
- ・プロジェクトを成功に導ける人材
- ・企画力に優れた人材／新製品開発に長けた人材

社長にとって一緒に働きたい人材はどのような人材ですか？

- ・会社の発展を共に楽しめる人材／苦労を共にできる人材
- ・社長の至らないところを補填してくれる人材
- ・財務管理に長けた人材／数字に強い人材／発想が個性的な人材

これらの人材像を明確にして、そのような人材が身につけるべき考え方を具体化したうえで評価項目（要素）と評価基準（何ができれば最高評価がもらえるのかなど）を決めておくのです。

ステップ４：組織に合致した業務姿勢を確定する

業務姿勢とはわかりやすく表現しますと勤務態度とほぼ同じです。

"ほぼ"と表現したのは、一致ではないからです。

勤務態度ではよく「まじめさ」がクローズアップされますが、業務姿勢の場合、「まじめさ」はもちろんですが「前向きさ」などが重要となります。組織風土や社長の想いを根拠に、組織に合致した理想的な業務姿勢を考えるべきでしょう。「まじめさ」を追究する勤務態度だけではなく、「自社にとってあるべき業務姿勢とはどのようなことなのか？」を明確にしなくてはなりません。

組織として従業員に要求する業務姿勢を確定し、評価項目（要素）と評価基準（何ができれば最高評価がもらえるのかなど）を決めるのです。

会社・社長として
「一緒に働きたい人材」
「必要な人材」とは
どのような人材なのか、
その人材はどのような考え方や
行動（業務姿勢）をすべきなのかを
明確にします。

業務姿勢とは、
「まじめな勤務態度」という意味だけではなく、
業務に取組む姿勢が、組織風土や社長の想いに
合致していることが大切です。

「カンタンすぎる人事評価制度」の創り方－5

37

ステップ5：組織の解決すべき課題を明確にし、個人目標に落とし込む

　私は現在でも年間50回ほど様々な企業にお邪魔してマネジメントシステム審査を実施していますが、その際、トップマネジメント（通常は社長）に必ずする質問があります。

「御社の解決すべき課題は何ですか？」

　この質問に、回答できない社長もいらっしゃいます。いきなりの質問に面食らったためかもしれませんが、自社の解決すべき課題を回答できないとは社長として少し情けないですね。どんなに大きく立派でも完璧な企業というものはありません。ですから、解決すべき課題がないということもあり得ないのです。

　今まで、多くの社長から様々な解決すべき課題を訊いてきたので、ほぼ予測がつきますが、専門家としてそれを教えるのではなく、あくまで社長自身の言葉として発し、ご認識いただくことが必要なのです。

　ちなみに課題には2種類あります。

　①現状より悪い方向に向かうことを防ぐために解決すべき課題

　②現状より良い方向に向かうために取り組むべき課題

　たとえば、将来の売り上げ減少を防ぐために解決すべき課題は①であり、また、将来の売り上げ増加を実現するために解決すべき課題は②となります。

　組織として解決すべき課題を明確にしたら、その解決のために従業員として何をすべきかを個人目標に落とし込みます。

　ここで「すべての従業員に個人目標は必要なのか？」と疑問を想われるかもしれませんが、**もちろん必要です！** 人事管理・労務管理において「個人目標」は必要不可欠なのです。

　この「個人目標」も越えなくてはならないハードルの1つであり、ハードル無くして成果は得られません。

全ての従業員に個人目標！

防水施工技能士をとる！

土木施工管理技士をとる！

木造住宅

2×4

工法等の把握・説明

すべての組織に存在する
「解決すべき課題」

その解決のために従業員として
何をすべきなのか、
個人目標へ落とし込みます。

「個人目標」を立案しない
人事管理・労務管理はあり得ません。

ハードル設定無くして
成果は手に入りません。

仮にあり得た場合は、
たまたま「できた」だけ、です。

「カンタンすぎる人事評価制度」の 創り方－6

38

補足1：行き詰ったら「～と、いうことは？」で考える

ステップ1～5に沿って様々なことを深堀していくなかで、行き詰ったとき。たとえば、自社の品質とは？と考えるなかで、建設業で「図面通りの施工」だと思いついたなら、さらに深堀するために、「自社品質が図面通りの施工と、いうことは？」と考えてみてください。

補足2：評価項目（要素）には、プロセス項目と成果項目がある

第1章で、「成果」だけを評価対象とはせず、「成果に至るプロセス」を評価することが必要であると説明しました。

「カンタンすぎる人事評価制度」の評価項目（要素）には、プロセス評価項目と成果評価項目があります。割合について特にルールはありませんが、必ず両方入れるべきです。間違っても、「どちらか一方だけ」は避けましょう。「プロセス評価項目だけ」の場合は、「がんばっている評価」に傾倒する可能性があり、「成果評価項目だけ」の場合は、成果さえ挙げれば良いという偏った人材を造りあげてしまう可能性があります。

補足3：評価項目は重複してOK

ステップ1～5それぞれで「評価表」策定のネタを洗い出し、評価項目（要素）を決定していくと、項目が重複する場合がありますが、あまり気にしないでください。社長を始め経営層がさんざん考えて決めた結果、評価項目が重複していたのであれば、それで構わないのです。ただ、重複箇所が3カ所以上ある場合や「就業規則」の懲戒内容と重複する場合は再検討しましょう。

評価表の体裁として、評価項目は9項目程度、A4サイズ1枚におさまるようにしましょう。

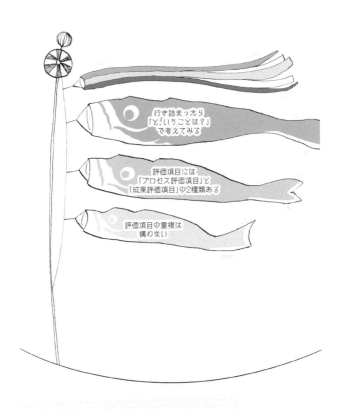

行き詰まったら
「と、いうことは？」
で考えてみる

評価項目には
「プロセス評価項目」と
「成果評価項目」の2種類ある

評価項目の重複は
構わない

「カンタンすぎる人事評価制度」を
策定のヒント

① 行き詰ったら「と、いうことは？」で考える
② 評価項目（要素）には、「プロセス項目」と
　「成果項目」がある
③ 評価項目は重複してOK

　　　評価表の体裁は、
Ａ４一枚で、評価項目は９項目程度。

39 小学生でも評価できる「カンタンすぎる人事評価制度」

　既存の一般的な人事評価制度に不満を持っている人材および企業が非常に多いのは周知のとおりですが、具体的な不満の理由として、

・評価基準が曖昧である
・評価にばらつきがある
・評価において従業員へのフィードバックが無い

などが挙げられますが、これは１つのストーリーとして成り立っています。要するに、評価基準が曖昧であるために、評価にばらつきが生じ、その結果、人材（被評価者）に対してフィードバックができないのです。

　このことで被害にあっているのは人材（被評価者）ですが、苦しんでいるのは評価者（一般的には上司）であるといえます。評価者は評価基準が曖昧なため、主観的な評価をせざる得ず、部下を評価することに罪悪感を抱いてしまいます。それを避けるため、当たり障りのない評価を付け、持ち回りで高評価を付けてしまいがちなのです。このようなおかしな現象が実際に起きています。

　一方「カンタンすぎる人事評価制度」は、あらかじめ評価項目（要素）の決定はもちろん、何ができたら高評価がつけられるのか明確な評価基準を策定し、公表するのです。あとは人材（被評価者）の行動さえ把握していれば、小学生でも迷うことなく適正に評価できてしまうでしょう。

　この「あらかじめ何ができれば高評価がつけられるのか」という明確な基準を公表しておくということは、言い換えれば「**回答の解っている試験を受けるようなもの**」となります。ただ、このことにより、従業員はやるべきことが明確なため言い訳ができなくなり、会社側も好き嫌いや主観で従業員を評価することができなくなるのです。

　そして自然と、人事評価制度を公平に客観的に運用する義務が、企業側に生じることになります。

「カンタンすぎる人事評価制度」は、
評価基準が明確なため、
小学生でも評価できる。

その代わり、人材側も企業側も
一切言い訳ができません。

人材側：やるべきことができなかった
　　　　場合の言い訳ができない
企業側：好き嫌いや主観で従業員を
　　　　評価できない

40 「カンタンすぎる人事評価制度」が活用できる組織の規模

　「33・「カンタンすぎる人事評価制度」の創り方－1」で、30名ほどの組織であれば3種類ほどの「評価表」で運用できることを説明しましたが、従業員数が30名を超える場合の組織でも、もちろん活用できます。従業員数、部署数、業務の種類数等によって、「評価表」を何種類策定するのか確定します。一例として下記をご覧ください。

106名の会社で「カンタンすぎる人事評価制度」を活用する場合

社長1名
部長5名
課長10名
課員90名
全社員数：106名

社長は5名の部長の
「評価表」を作成

各部長は2名の課長の
「評価表」を作成

各課員は9名の課員の
「評価表」を作成

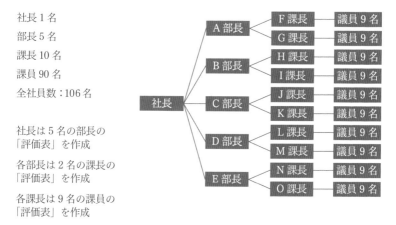

　上記の会社の場合、最高25種類の「評価表」（部長用5、課長用10、課員用10）、最低12種類の「評価表」（部長用1、課長用1、課員用10）を策定することになります。部長用と課長用の「評価表」を個別に作成するのか各1種類作成するのかで異なるのです。

　もし、25種類策定する場合でも案外手間はかかりません。その理由をこれからご説明します。

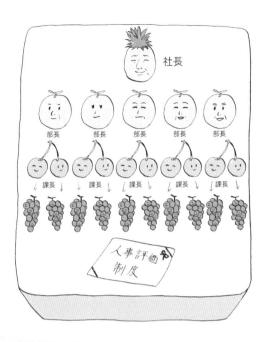

「カンタンすぎる人事評価制度」は、
従業員数300名くらいまでの組織で活用できます。

同一役職者向けの「評価表」を策定する場合、
個々に策定するのか、
役職ごとに策定するのかによって、
「評価表」を何種類作成するのか
変わってくるのです。

組織の状況により決定しましょう。

41 「産みの苦しみ」は、1枚目だけ

　「評価表」の策定は、最初の1枚目を策定することに苦労します。私のような専門家が直接指導した場合でも1枚目の策定は4時間ほど費やしますが、2枚目以降はスムーズに策定できるので、「評価表」を3枚作成する時間は約6時間程度でしょう。(もし仮に一枚目の「評価表」が1時間で完成したのであれば逆に問題です)

　組織の状況にもよりますが、評価対象従業員数30名ほどの企業であれば3枚の「評価表」を策定できれば人事評価制度の運用ができるのです。(場合によっては100名規模の企業でも3枚の「評価表」で可能)

　なぜ、1枚目の「評価表」の策定に苦労するのかというと、84ページで説明した"ステップ1：自社の存在価値、品質を明確にする"が非常に重要だからです。ここで的外れな答えを出してしまうと、理想的な人事評価制度とは程遠い「評価表」が完成してしまいます。だからこそ時間をかけるのです。もちろんステップ1だけではなく、その後のステップ2〜5も非常に重要ですから、6時間かけて3枚の「評価表」ができあがると、ほとんどの社長さんは、「**ここまで自社のことを突き詰めて考えたことがないので非常に脳みそが疲れました。でも心地よい疲れです**」というような感想を語ってくださいます。

　心身疲れる大変な作業であっても、たった6時間 (1日) で人事評価制度が完成できるのですから、魅力的です。

　その組織のベースとなる「評価表」が3種類完成すれば、それ以上の種類の「評価表」を策定する場合でも、スムーズに策定できるでしょう。

　また、この最初の「評価表」を策定する場に、社長はもちろんのこと、経営層にもご参加いただきたいのです。なぜなら「**カンタンすぎる人事評価表**」策定手法習得していただくという重要な目的があるからです。次項で詳しく説明しましょう。

「カンタンすぎる人事評価制度」では、
1枚目の「評価表」の策定は
想像を超える大変さがあります。

しかし、1枚目が策定できてしまえば
後はラクなのです。

「30・理想的な人事評価制度の要件 (まとめ)」で挙げた
「③策定しやすく～」とは矛盾があると
思われるかもしれませんが、
その「大変さ」もたった1日です。

経営層は「評価表」の策定手法を習得すべき

　「評価表」は、一度策定すればそれで終わり、というものではありません。可能であれば毎年、それが無理でも 2、3 年ごとに策定し直していくべきです。

　「評価表」を策定し直す場合、新規作成時と違い、私のような専門家に頼らず、自分たちだけで策定すべきです。そのためにも社長をはじめ、経営層が「評価表」の策定手法を習得する必要があります。

　ただ、たった 1 日「評価表」を策定しただけで策定手法を習得できるでしょうか？そのために策定方法を手順書化しておけば良いのです。ちなみに私は「カンタンすぎる人事評価制度」導入企業向けに30ページほどの「策定マニュアル」をお渡ししています。この「策定マニュアル」は半数近くがイラストで、<u>一度でも策定を経験した方であれば</u>このマニュアルを参考に「評価表」を策定できるようになっています。本書にも「策定マニュアル」を掲載したかったのですが、策定経験の無い方がご覧になっても理解しかねると判断し掲載を見合わせました。

　「評価表」の策定に参加するのは、社長を含めた経営層だけが良いでしょう。「組織の在り方」「数年後のビジョン」「理想の人材像」「解決すべき課題」などを考えに考え抜いて回答を導き出していきますので、自組織に対して強い想いを持っている経営層にしかできない作業なのです。実際、私が各地で主宰している当制度のワークを交えたセミナーへの出席者は社長が85％を超えており、経営層だと90％を超えています。

　ただ、社長を含めた経営層が悩みに悩んで「評価表」を策定する姿を管理職にオブザーバー参加させることは何よりもの得難い経験であり、**最高の管理者教育**となります。また、従業員数が多く、「評価表」を数多く作成する必要がある組織では、管理職が自部署の「評価表」を策定する可能性があるので尚更です。

中小企業の社長・経営層は
「人事評価表」の策定手法を専門家から
マスターしてください。

社長・経営層が頭を悩ませ「人事評価表」を
策定している姿を管理職に見せるのは
最高の管理者研修です。

43 社内ですでに運用している仕組みと連動させる

　今から提案することを怪訝に思われる方もいらっしゃるかもしれませんが、今までの経験に基づき、自信をもって提案します。

　「人事評価制度」は、組織内ですでに運用している仕組みがあれば、連動してください。

　たとえば、ある企業で3つの仕組みを運用していたとしましょう。その場合、「1 + 1 + 1 = 3」は当たり前の成果です。しかし、本来であれば相乗効果で「1 + 1 + 1 = 4」にすべきです。ところが、連動がないためそれぞれが干渉しあい「1 + 1 + 1 = 2.5」になっている組織がなんと多いことでしょうか！　私はそのような企業を数多く知っています。

　以上のことから人事評価制度についても、組織内ですでに運用している仕組みがあれば連動させたうえで一緒に取り組んでください。というか、人事評価制度を策定する場合、すでに運用している仕組みの内容を取り入れる必要があるのです。

　「カンタンすぎる人事評価制度」に限らず人事評価制度を策定する場合、通常、外部の専門家からの指導を仰ぎます。できれば、その専門家は、あなたの会社の業種を理解し、すでに導入している仕組みに精通している方がいいでしょう。

　通常、企業に導入されている仕組みの例をいくつか挙げておきます。これらの仕組みと人事評価制は連動すべきですね。

・QC（品質管理）　・安全管理　・衛生管理　・改善活動

・ISO9001（品質MS）　・ISO14001（環境MS）

・ISO22000（食品安全MS）　・ISO45001（労働安全衛生MS）

・ISO27001（情報セキュリティMS）　・事業継続MS　・改善活動

・マーケティングの仕組み　・残業削減活動

・運輸安全マネジメント　　　等々　　※MS=マネジメントシステム

理想的な人事評価制度の運用は、
「人事評価制度」とすでに組織内で
運用している他の仕組みに串を指して
連動して運用しましょう。

連動して運用することにより
相乗効果が期待できます。

逆に連動していない場合、
互いの仕組みが干渉しあい
マイナスの成果となる可能性が高いのです。

「カンタンすぎる人事評価制度」の 活用方法①

　ここから、「カンタンすぎる人事評価制度」の様々な活用方法を説明していきます。

○特定の人材の育成ツールとして

　人事評価制度は、人材育成のツールであることは説明済みですが、「カンタンすぎる人事評価制度」を特定の人材の育成にだけ活用するのです。たとえば、全従業員数20名の中で将来の幹部候補として期待するAさんとBさんの２名用の「評価表」を策定し運用するなどです。

○管理職の育成ツールとして

　管理職の育成ができる点も「カンタンすぎる人事評価制度」の大きな長所と言えます。管理職が育成できる根拠として、部下に対する明確なハードル設定を行い、そのハードルクリアに向けて努力させ、クリアすることは部下以上に管理職の成果となり自信となります。要するに「カンタンすぎる人事評価制度」の運用は管理者育成のロードマップとなるのです。もちろん、自身のハードルクリアも実現できますしね。

○徹底的に人材育成を実現する

　「カンタンすぎる人事評価制度」は、「評価表」を策定して終わりではありません。そこからがスタートです。スタート後は、可能であれば毎月、最低でも３カ月に一度、上司と部下の両方で進捗管理を実施します。

　この進捗管理の手法は、私が開発した「ＰＤＣＡ育成手法」を併用し、部下に対して「適切な質問」「適切な状況把握」「適切な修正」「適切なサポート」等を行っていく手法をお勧めします。本書は人事評価制度の"評価"に焦点をあてた書籍なので、別の機会に披露いたします。

「カンタンすぎる人事評価制度」は、
一般職の徹底的な育成および
管理職の徹底的な育成を実現できるツールです。

また、管理職が一般職を育
成するためのツールでもあります。

管理職の役割とは
部下の育成であることを認識してください。

「カンタンすぎる人事評価制度」の 活用方法②

_45_

○従業員向けに説明する場合のチョットした工夫

「カンタンすぎる人事評価制度セミナー」へ参加された方から次のような意見をいただきました。

「当社ではカンタンすぎる人事評価制度を主に人材育成の仕組みとして活用しますので、評価をする場合でも社内に発表する場合は『人材育成制度』として発表します」と。確かに「人事評価制度」の"評価"という文言に抵抗のある人もいらっしゃるかもしれませんね。

○組織としてやるべきことを洗い出すことができる

「カンタンすぎる人事評価制度」を導入することで実はすごい副産物が期待できます。それは、**組織として足りない仕組みが明確になること**です。「評価表」は、評価項目（要素）と具体的な評価基準を策定していきますが、その過程で、「足りない仕組み」と「策定すべき仕組み」が明確になるのです。

たとえば、従業員から日々の業務として前向きな意見を発信してもらい、それを評価項目にする場合、「改善提案制度」を策定して運用することが必要となります。この足りない仕組みや策定すべき仕組みが明らかになることを「面倒が増えた」と感じる社長なら「カンタンすぎる人事評価制度」は導入し、運用していくことは難しいでしょう。いたずらにやるべきことを増やして組織を混乱させることは厳禁ですが、必要な仕組みは策定し運用すべきですよね。

社長が「自社の存在価値」「3年後のあるべき姿」「自社の解決すべき課題」等を明確にしていく過程の中で必要と感じた仕組みは、策定し運用すべきです。「カンタンすぎる人事評価制度」の策定は、これら自社にとって必要な仕組みをあぶりだす良い機会となるはずです。組織改善のツールだといえます。

「カンタンすぎる人事評価制度」を
従業員向けに説明するときには
「人材育成制度」と表現しましょう。

「カンタンすぎる人事評価制度」の策定過程で、
組織にとって必要な仕組みが明らかとなります。

これは嬉しい副産物なのです！

46 人事評価制度を 生かすも殺すも社長次第

　いつも私が「カンタンすぎる人事評価制度セミナー」の最後にお伝えしていることがあります。

　「カンタンすぎる人事評価制度」は、**社長と社員の両方が喜ぶ究極の組織成長のツール**です。社長の思い描く組織作りが可能になります。

　「カンタンすぎる人事評価制度」を上手く活用することにより、会社が社長の分身となるのです。ですから社長！あなたご自身を今以上に磨いて素敵な社長になってください。そうすると、社長の分身として素敵な会社ができあがるのです。

　私のように1,000名以上の社長と面談・インタビューを重ねてくると、ご意見・考え方に賛同しかねる社長と遭遇することがあります。

　・従業員をモノ扱いしている／従業員をバカにしている

　・自分さえ良ければと思っている

　このような社長が「カンタンすぎる人事評価表」を策定してしまうと、決して褒められないような評価項目（要素）や評価基準を策定してしまう危険性があります。今まで「カンタンすぎる人事評価制度」の導入指導をした企業には幸い存在しませんでしたが、今後、前述のような問題のある社長が当人事評価制度を導入したいと要請があった場合、100％お断りします。また、この本は社長さんだけではなく、人事評価制度の指導をする側であるコンサルタントの方もお読みいただいていると思いますが、このメソッドはこのような社長が経営する会社には導入しないでくださいね。まぁ、このようなダメ社長は人材を育成しようなどと思うことはあまりないので遭遇する確率は少ないとは思いますが。

　次章からは、私自身が「素敵な考え方／従業員思いの社長」と判断し、「カンタンすぎる人事評価制度」導入の指導をさせていただいた企業の事例をご紹介します。

社員想い！

「カンタンすぎる人事評価制度」を
生かすも殺すも社長次第。

この人事評価制度を
悪徳社長が策定すれば組織は荒み、
人格者である社長が策定すれば
素敵な組織ができあがります。

どうか、従業員思いの社長さんだけが、
この「カンタンすぎる人事評価制度」を
導入してください。

第6章

「カンタンすぎる
　　人事評価制度」を
　　　　導入した優良企業例

47 会社の未来を託せる人材を 育成するために導入

●**企業概要**：名古屋市に本社のある株式会社設幸工務店。従業員12名。おもに公共建築工事を請け負っている。

●**カンタンすぎる人事評価制度導入の目的**：会社の将来を任せたい人材を育成するため。

●**「評価表」策定種類**：4種類

　12名ほどの組織で人事評価制度が必要？と思われるかもしれませんが、確かに人事評価制度を昇給額決定や人材の序列付けのための根拠として使用するのなら、小さな組織で人事評価制度は不要です。

　しかし、同社の導入目的は人材育成です。

　同社は好景気のさなか、ご多分に漏れずに人手不足でした。しかも、公共工事の施工を生業にしている以上、ある一定以上の能力・見識を持っている人材が必要なので、深刻な状態でした。そんな中で同社の将来を任せられると思える人材であるAさんを採用できたのです。さらにその後、Aさんの友人でBさんも採用できました。社長としては、施工関係業務の将来をAさん、営業・管理関係業務の将来をBさんに任せていきたいとおぼろげながら期待していたのです。

　しかし、自社の将来を託すためには、育成が必要です。その育成をどのようにすべきか思案する日々でした。そんなとき、「カンタンすぎる人事評価制度」の存在を知り、人事評価制度のツールとして使用するのではなく、施工関連業務と営業・管理関係業務の責任者育成のための人材育成ツールとして導入を決めました。

　策定は、会社の存在意義や将来像を明確にしていく作業で困難を極めましたが、もともと自社と社員への熱い想いをもっている社長なので、人材育成に適した「評価表」が完成しました。またAさん、Bさん向けだけではなく他の人材の「評価表」も作成し、人材の底上げにつながっており、従業員にとっても励みになるツールとして好評を得ています。

これで
2人のエースを
育成していこう！

「カンタンすぎる人事評価制度」を
人材育成のツールとして活用する場合、
会社の規模に関係なく、
育成したい人材が1名でも存在するのであれば
積極的に活用すべきです。

「カンタンすぎる人事評価制度」は、
将来の会社を背負うエースを
育成するためのツールになります。

目的実現のための導入、
既存の制度とも連動し運用

48

●**企業概要**：岐阜県土岐市の株式会社丸利玉樹利喜蔵商店は、従業員数100名弱の企業。テーブルウエア（食器類）を企画販売している。

●**カンタンすぎる人事評価制度導入の目的**：売り上げの向上（海外戦略の充実）、陶器の自社ブランドの確立。

●**「評価表」策定種類**：3種類

　同社は1940年創業の老舗企業。それ故、家業としての良い部分もありますが、組織としてみると従業員数に比例しない体制であることを社長は不安に感じており、従業員が自ら考え行動できる強い組織にすべく、「カンタンすぎる人事評価制度セミナー」に常務がご出席くださり、導入を決められました。

　「評価表」策定の第一歩である、「自社の存在価値・自社の品質とは？」を明確にするために3時間以上費やしました。結局、「自社の品質＝顧客からみて安心した取引ができる」とされたのですが、"安心"とはどのようなことか？顧客に"安心"を感じていただく人材とはどのような人材か？その人材が身につけるべき能力・力量・技量とはどのようなことか？について、社長、常務、コンサルタント（著者）、サブコンサルタントの4名で深く深く考え評価項目（要素）と評価基準を導き出しました。

　第一関門の「自社品質とは何か？」が確定するとあとは比較的スムーズに策定でき、1種類目の「評価表」を4時間で策定した後は、各1時間ほどで2、3種類目を策定できました。策定項目の中には、売上向上を実現するための海外戦略充実のための項目や、自社ブランド構築に繋がる項目も策定されました。また同社では「営業マニュアル」という素晴らしいツールが作成済みでしたので評価項目とリンクさせました。

　同社では、「カンタンすぎる人事評価制度」導入を機に従業員がやるべきことを行い、身につけるべき能力を身につけることができ、ただ仕事をこなすという業務姿勢が淘汰されたのです。

売り上げ向上
（海外戦略の充実）

自社ブランドの確立

「カンタンすぎる人事評価制度」は、
企業の目的達成のためのツールです。

また、活用しきれていない
既存の素晴らしいツールを
蘇らせることも可能なのです。

実際、「人事評価表」とすでに
作成済だった「営業マニュアル」を
リンクさせることに成功しました。

お客様と従業員へ
「想い」を伝えるツール

49

●**企業概要**：東京都三鷹市の大網梱包株式会社は、従業員数40名ほどの企業。精密機器の梱包業務、包装設計および輸送を行っている。

●**カンタンすぎる人事評価制度導入の目的**：管理職の育成、人材の能力底上げおよび経営層の想いを組織内へ浸透させる。

●**「評価表」策定種類**：3種類

　同社は兄の社長と弟の専務共にとても前向きで、組織の勢いを感じる企業です。このような企業に共通した事象として、「経営層の想い」が浸透しきれていないことがあります。同社は社長、専務共に「このような組織にしたい」という理想が高いため、日々の従業員の行動をみると、経営層としてどうしても物足りなさを感じてしまうのです。

　同社とは、「カンタンすぎる人事評価制度」指導以前からISOコンサルとしてお付き合いがあったため、経営層の会社に対する考え方や組織の状況等を理解していたつもりだったのですが、実際に「評価表」を一緒に策定してみると、お客様と従業員に対する自社の在り方や、今後どうあるべきかなどの想いは私の想像以上のものでした。「カンタンすぎる人事評価制度」開発者として、このような組織の「評価表」を策定できることは大きな喜びであり、お客様と従業員に対する経営層の想いが伝わる「評価表」をなんとしても策定すべきと奮闘しました。

　「評価表」を作成し公表することにより、従業員には経営層の想いが伝わるとは思いますが、お客様へはどう伝えるべきか……。そこで、想いをお客様に伝える評価項目と評価基準を策定していったのです。具体的には、「お客様目線での改善提案・実施」や「作業現場のショールーム化」です。また、同社はあえて「人事評価制度」の"評価"という文言を活用して全社員に浸透させました。結果、従業員の行動の道標になっていることは言うまでもありません。

「カンタンすぎる人事評価制度」は、
向上意識の高い企業には、
この上なくフィットする人事評価制度です。

経営層の「顧客への想い」「従業員への想い」を
浸透させるツールとしても最適なのです。

終　章

安易に
「カンタンすぎる
　　人事評価制度」へ
　　　飛びつかないで

50　あなたの会社はどのような
　　制度（仕組み）を導入すべき？

　実は、すべての会社にとって「カンタンすぎる人事評価制度」が理想的な制度（仕組み）だとは思いません。

　あなたの会社に合った、導入目的に見合う制度（仕組み）を導入すべきです。そして、人事評価制度だけでよいのか、職能資格等級制度や賃金制度を含めた「人事制度」が必要なのか（「21・「人事制度」と「人事評価制度」の違い」を参照）を検討すべきです。

**　Q1：あなたの会社はなぜ、人事評価制度を必要と思ったのですか？**
**　Q2：人事評価制度を導入して実現したいことは何ですか？**

　この2つの質問に対して、考え抜いて真の解答を導き出してください。
　「16・人事評価制度にもPDCAが必要②」にも、セミナーでも、過去に出版した拙著でもお伝えしていることですが、**すべての問題にはかならず原因があります**（すべての事象に根拠がある）。

　前述の2つの質問に解答を導き出せたとして、なぜ、その解答なのでしょうか？

　たとえば、Q1の解答が「従業員の離職が多く人事評価制度を導入して従業員の定着を図るため」であれば、従業員が離職してしまう真の原因を特定してください。特定した結果、人事評価制度の導入では解決が図れないかもしれません。

　また、Q2の解答が「売り上げを1.5倍にするため」であれば、売上向上のためには、人事評価制度導入以外に適切な制度はありませんか？仮に3年後にあなたの会社の売り上げが1.5倍になった場合、その要因は人事評価制度と言えるでしょうか？

● 原因追究の専門家として

　私は人事制度の専門家でもありますが、20年以上マネジメントシステ

ムの構築および審査業務に携わってきた関係上、原因追究の専門家でもあると自負しています。

　すべての事象には根拠があり、発生している問題には原因があります。その原因を特定して取り除くことにより再発防止が可能であり、改善が実現できるのです。「カンタンすぎる人事評価制度」は、理想的な人事評価制度として、多くの目的を達成するツールであると説明してきましたが、あなたの会社にとって最良の方法ではないかもしれません。

● 「カンタンすぎる人事評価制度」を導入すべきでない場合もある

　実は、「カンタンすぎる人事評価制度」(以下、当項では「評価制度」とする) の導入について相談にいらっしゃる社長さんのうち約半数の方へは、「今、評価制度を導入すべきではなく、他の○○の仕組みを策定してから検討してください」と回答しています。なぜなら、「評価制度」は、問題解決のツールではありますが、2 ステップ (もしくは 3 ステップ) での解決になるからです。

　「評価制度」の導入で、問題が解決できるのではなく、「評価制度」を導入していただき、人材育成が実現でき、人材がその能力を発揮することにより問題が解決できるのです。すべては人材が育成された結果なのです。

　具体例として、次のような事例があります。

　設備工事業を営むA社は、公共工事の受注は順調でしたが、物件ごとの利益が残らないのです。そこで、社長は「評価制度」を導入して利益率の改善を図ろうと私のもとへ相談にいらっしゃったのですが、私からは「まずは、実行予算管理の仕組みを策定し運用してください」とお伝えしました。A社の場合、まずは実行予算管理の仕組みを策定・運用し、組織内の状況をみて「評価制度」が必要か否かを判断するべきだったのです。

● 専門家は仕事を断らない

　厄介なことに、専門家は仕事を断らない場合が多いのです。

　たとえば、ある社長が各専門家に「最近、組織内が停滞ムードで活性

化していないと思える」と相談した場合、ざっと次のような回答がくると思います。

　社会保険労務士「就業規則を大幅に改定しましょう」

　コーチング講師「まずは管理職に対してコーチングを実施しましょう」

　人事制度コンサル「公平な人事評価制度を導入しましょう」

　税理士「財務諸表からヒントをつかんで‥‥‥」

　このように、自分が保有している知識で解決を図ろうとするでしょう。これは決して悪いことではなく、むしろ責任感の表れかもしれませんが、組織内が停滞ムードで活性化していない原因がかならずあるのに、その真の原因を追究せず対策を施すことは、病気の原因を特定せずに治療を始めるのと同じですよね。

　ですから、解決を図るためには原因を特定し、その原因を取り去る対策が必要なのです。

● 自社にとって人材に関する必要な仕組みは何か？

　企業の、人材に関する「困った！」を解決する仕事に就いて30年近くたちましたが、その経験の中で様々な仕組みを開発・策定・提供してきました。すべて、マネジメントシステムをベースとしたPDCAを廻す仕組みですので、ご興味のある方はお問い合わせください。

① **人手不足解消の仕組み（山本が開発）**

　　人手不足の種類は４種類あり（求人難型、採用不完全型、従業員退職型、人材伸びない型）、その一つ一つに対策を施す手法。

② **根本的な残業時間削減・生産性向上の仕組み（山本が開発）**

　　巷では、残業削減対策として小手先の対策（午後6時に強制消灯等）が横行していますが、やるべき業務量が同一の場合、効果はありません。残業にも必ず原因があり、その原因を特定し、つぶしながら生産性向上を実現し根本的に時短を実現する仕組みです。

② **職能資格等級制度（一般的な仕組み）**

　　従業員が等級ごとに身につけるべき能力を明確にして、保有能力により等級分けし（一般的に上位等級ほど能力が高い）、管理する仕組みのことです。ただ、ほとんどの企業では等級ごとに身に

つける能力に具体性が無く抽象的なため、「要求力量のハードル」としては不完全なため、私が策定する場合は、等級格付けに迷わないで済むように具体的な表現に落とし込みます。

③ カンタンすぎる人事評価制度（山本が開発）

この本でご紹介している１日で策定できる人事評価制度です。

④ 高評価獲得支援（山本が開発）

人事評価制度は、策定しておしまいの仕組みがほとんどです（ひどい場合は策定さえもできていない）。人事評価制度の策定・完成はＰＤＣＡに例えるならＰ（計画）ができあがったにすぎません。いかに従業員に良い評価である「Ｓ」や「Ａ」を取らせるのかを管理し続けなくてはならないのです。上司の役割は部下の育成をすることであり、この高評価を取らせるための管理もすべきなのです。

「カンタンすぎる人事評価制度」で策定した、高評価獲得のための基準を部下が超えられるようにサポートするための仕組みです。

⑥ ＰＤＣＡ育成手法（山本が開発）

私が思う、人材育成に非常に効果がある仕組みです。人材が企業の中でどのような状況に置かれているのかを捉え、その状況に合わせたマネジメント手法を展開するものです。

前述の「⑤高評価獲得支援」は、「カンタンすぎる人事評価制度」で策定した「評価表」で部下に高評価を取らせるための管理手法ですが、ＰＤＣＡ育成手法は、評価制度に関係なく、人材を育成していく手法です。

⑦ プロセス人事制度（山本が開発）

当制度は、人事評価制度だけではなく、職能資格等級制度および能力開発制度等を含めた一連の人事制度です。

企業の職種ごとの業務プロセスを洗い出しフロー図にしたうえで等級、評価項目、評価基準、要求力量を決定していきます。

プロセス人事制度は私の中で「最強の人事制度」と位置付けていますが、短所は非常に策定が大変ということです。ただ、一度策定してしまえば、様々な用途に転用できる非常に便利な仕組みで

す。

⑧ 賃金制度（一般的な仕組みに一部山本が追加）

　人事評価制度での評価結果をどのように昇給に反映させるのかを含めて、給与、手当（賃金）の決定方法等の仕組みです。なお、「賃金規定」の策定は「就業規則」の一部として、社会保険労務士として受託しています。

⑨ 評価結果活用の仕組み（山本が開発）

　人事評価制度の評価結果をどのように従業員の処遇に反映させるのかを決定し、運用していく仕組みです。一般的に評価結果は昇給という形で従業員に還元しますが、昇給以外の方法も実はたくさんあるのです。魅力に感じる処遇は人それぞれですから。また、前述の「ＰＤＣＡ育成手法」と連動させることにより効果絶大です。

⑩ 国際的なマネジメントシステム（国際標準化機構が開発）

・ISO9001：品質マネジメントシステム
　自社の提供する製品・サービスを高め顧客満足を追求する
・ISO14001：環境マネジメントシステム
　自社の事業活動を環境保全につなげる
・ISO22000：食品安全マネジメントシステム
　食の安全を実現する
・ISO22301：事業継続マネジメントシステム
　事業継続が困難な状況に陥った場合いち早く事業を再開する
・ISO27001：情報セキュリティマネジメントシステム
　自社が保有している情報を守る
・ISO39001：道路交通安全マネジメント
　交通死亡・重傷事故を防ぐ
・ISO45001：労働安全衛生マネジメントシステム
　働く人の労働に関する負傷および疾病を防ぐ
　ＩＳＯについては、人材にダイレクトに関連しない仕組みもありますが、導入している企業は非常に多いので掲載しました。
　また、人事評価制度とＩＳＯは連動させる必要があります。

● 自社に人事評価制度が必要なのでは？と感じたあなたは下記のフロ
　ーで検討を

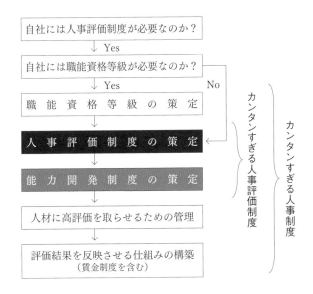

　「21・「人事制度」と「人事評価制度」の違い」でご説明した、「人事制度」を構成する４つの制度の中でも一番策定が大変なのが「人事評価制度」でしたね。おそらく、「人事評価制度」の構築に「人事制度」全体の構築時間の60％以上を費やすことになるでしょう。その策定が大変な人事評価制度を１日ないしはごく短期間で策定してしまうのが「カンタンすぎる人事評価制度」です。

　「カンタンすぎる人事評価制度」は、能力開発制度も含まれていますので当制度を適切運用することで、従業員の能力が自然に向上します。また、「人事制度」を構成する他の２つの制度である「職能資格等級制度」「給与制度」も手間暇かけずに策定する方法がありますので短期間で策定でき、結果、「カンタンすぎる人事制度」となるのです。

　さらに「カンタンすぎる人事評価制度」では、運用のしやすさに徹底

的に拘っていますので、「39・小学生でも評価できる「カンタンすぎる
人事評価制度」」でご説明したように、小学生でも評価できる評価基準
を策定してしまうのです。

● やはり「人事評価制度」が必要という結論になったら

　前述のごとく考えていただいて、やはり、あなたの会社にとって人事
評価制度が必要と結論がでた場合、どの人事評価制度を導入すべきなの
か、次の手順で決定してください。既存の一般的な人事評価制度の問題
点はさんざん説明してきましたのでここでは補足事項を記載します。

　① 達成すべき目的は、その人事評価制度で達成できるか？
　② まずは、一部でよいので「評価表」を策定してみる
　③ "②"で策定した「評価表」が使いやすいのか試してみる
　④ コンサルのサポートを受ける場合、そのコンサルは自社の業種を
　　 理解しているか？
　⑤ 完成した人事評価制度はあらかじめコンサルタントによってパッ
　　 ケージされた内容ではないか？
　② についてですが、実際に「評価表」の一部を策定してみると良いで
　　 しょう（コンサルに依頼する場合も試作してみる）。
試作した結果、しっくりくるのか否かを判断し、実際にどなたか従業員
を想定し、試しに評価してみましょう（③）。
　⑤ については、人事評価制度の内容があらかじめ完成した状態でな
いことです。100社あれば100通りの人事評価制度が存在しますので、
パッケージ化された人事評価制度の場合、自社にどの程度フィットする
のか疑問ですね。

●「カンタンすぎる人事評価制度」策定の注意点

　「カンタンすぎる人事評価制度」では、
　① 自社の存在価値（自社の品質）
　② 3年後（5年後）の自社の理想的な姿
　③ 会社・社長の理想とする人材像
　④ 会社・社長の理想とする業務姿勢像

⑤ 組織として解決すべき課題・問題

から評価項目（要素）と評価基準を策定していきますが、ここでよくある失敗例をお伝えします。決して、上辺だけの文言、耳ざわりの良い言葉やカッコ良いフレーズを使用しただけで安心しないでください。これらは魅力的ではありますが、具体性に欠ける傾向があり、「だからどうなんですか？」と突っ込まれるようでは失格です。

評価項目（要素）と評価基準を捻出するときは、「もうこれ以上考えられない！」くらいに頭を使ってください。非常に大変で骨の折れる作業ではありますが、たった1日ですから我慢してください。

●「カンタンすぎる人事評価制度」が目指すことは以下のとおりです。

① 従業員から評価をせがまれる
    →手ごたえのあるテストや自己採点の良いテストは早く採点して
      欲しいし結果が楽しみである
    →根拠が明確な評価結果であれば、どんな結果であれ評価されたい
② 上司と部下との最高のコミュニケーションツール
    →明確で説明のつく評価結果を基に部下育成の面談を行える
③ 従業員に喜ばれる／社長に喜ばれ社長自身も向上／会社の業績アップ
    →部下が良い評価を取れるように目一杯サポートするのが上司の役割
    →部下が良い評価を獲得することは部下自身の喜びかつ上司の喜び
    →部下が育成でき能力発揮できれば業績アップは当然
    →結果、部下・上司・社長の全員が喜ぶ

●従業員の能力を向上させられない企業はブラック企業です

企業は毎年、従業員に対して越えるべきハードルを設定し、そのハードルを越えさせていくことが必要なのです。たとえば、30歳で入社した社員の「35歳のとき」と「40歳のとき」を金太郎飴みたいにバッサリ切って能力と成果を評価した場合、格段に向上していることが必要ですね。それが同じ能力と成果の場合、ゆでガエル状態と言えます。

従業員の育成には「仕組み」が必要です。残念ながら「一般的な人事評価制度」を策定しただけでは育成できる人材は一部です。

51 「カンタンすぎる人事評価制度」は なぜ理想的なのか

　「カンタンすぎる人事評価制度」はPDCAを廻していくうえでいくらでも修正・改善ができるのです。つまり、日々進化していきます。**実はこのこと自体が理想的なのです。**

　私は人事制度の専門家であり、マネジメントシステムの専門家でもありますから、PDCAの専門家ともいえます。そのPDCA専門家が人事制度に25年以上かかわった経験を基に開発し、指導させていただいているのが「カンタンすぎる人事評価制度」です。

　以上の経験を基に強く思うことは、「人事評価制度にもPDCAが必要」ということです。ですから、マネジメントシステムの審査経験を積み、PDCAの専門家でもある方々が人事評価制度を指導していただけると良いのですが、どうも畑違いのようで人材が不足しているようです。かといって、人事制度の専門家にマネジメントシステムの専門家になってくださいということはなかなか難しく、ジレンマを感じます。

　正直、「カンタンすぎる人事評価制度」の指導は、社長以上に今までの経験・知識をフル回転して臨みますので、なかなか辛いものがあり、一般的な人事評価制度を指導する方がよほどラクなのですが、私の中では理想的な人事評価制度なので指導を諦めたくないのです。

　どうか、この本に書かれている内容が理解され、一社でも多くの組織に理想的な人事評価制度策定へ取り組んでいただきたいと願っています。そして、あなたの会社を今以上に発展させてください。もし、発展できないのであれば、PDCAのどこかに欠陥があるはずです。その原因を追究し、取り除けばかならず改善するでしょう。

　私は「カンタンすぎる人事評価制度セミナー」を全国で開催しておりますので、ぜひいつでもご参加ください。

「カンタンすぎる人事評価制度！」は、
導入する企業にとっては
簡単で成果が出やすい制度です。

そして、PDCAを廻すことにより
さらに企業は発展できます！

52 ISO9001（QMS）に取り組んでいる組織は、人材育成のための人事評価制度との連動が不可欠

●なぜ、ISO9001（QMS）と人事評価制度を連動できていないのか？

ISO9001（JISQ9001：QMS）について、多くの方は耳にしたことがあると思います。ISO9001とは、品質マネジメントシステム（QMS：Quality management systems）のことであり、ごく大まかに説明しますと、一定以上の品質の製品・サービスを提供し顧客満足の向上を実現していく仕組みのことです。ISO9001は組織が適切に理解し、仕組みを構築し、使いこなしていくことができれば、組織運営・向上のための強力なツールとなります。このことから私はISO9001を経営改善の仕組みと位置付け、主任審査員として企業への審査活動及びコンサルタントとして企業への指導を行っております。「カンタンすぎる人事評価制度」はその産物です。例えば、24ページで説明した「会社が従業員に要求する能力・技量のハードル設定する」はISO9001をヒントにした考え方です。

そのため、人事評価制度はISO9001との連動が非常に有益ですが、ISO9001と人事評価制度を連動させている組織はほとんど見当たりません。なぜでしょうか？私の予測では、「ISO9001の指導者」と「人事評価制度の指導者」が、双方の知識を持ち合わせておらず、相乗効果に気づかないからだと思います。

●２つの仕組みを連動させ相乗効果を発揮させよう

「カンタンすぎる人事評価制度」と他の仕組みの連動が「1 + 1 + 1 ＝ 4」という相乗効果を生むということは100ページで説明しましたが、人事評価制度と連動すべき最たる仕組みがISO9001なのです。

ISO9001は、「一定の品質を保った製品・サービスを提供し顧客満足の向上を実現していく」ことが目的なので、人材は、日々この目的を実践するために活動します。一方、人事評価制度は「従業員満足の向上を実現していく」ことが目的のひとつです。顧客満足を向上させるために

は「従業員満足の向上」は必要不可欠であり、「従業員満足無き顧客満足」などあり得ません。であれば、両者が連動していないことは、非常にもったいないと思いませんか？

●どのように人事評価制度とISO9001を連動させるのか？

　この本は、ISO9001の専門書ではないのでISO9001（JISQ9001：2015）の詳細な要求事項や番号は省き、ISO9001と人事評価制度の連動箇所を大まかに説明しますが、あくまで抜粋であることを断っておきます。

　では、ISO9001と人事評価制度をどのように連動させていくのかを説明しましょう。（以下、カッコ内の数字は「JISQ9001：2015」の番号）
ａ自社、自部署で解決すべき課題から個人目標に展開する（4.1）

　これは「カンタンすぎる人事評価制度」のステップ5です。
ｂ社長がリーダーシップを発揮し、人事評価制度を策定する（5.1）

　自社の方針（品質方針、社是、社訓、経営理念）に基づいた評価項目と評価基準を策定する。これは、ステップ1です。
ｃ自部署が持つリスクをつぶし、機会を活用する（6.1）

　自部署のリスクをつぶす活動、機会を活用する活動を評価項目とする。
ｄ品質目標と人事評価制度の連動（6.2）

　各自設定した個人目標と自身が超えるべきハードルを品質目標と連動させ管理する。そして、品質目標達成のための実施計画とも連動させる。
ｅ将来にわたる人材構想（7.1.2）

　経営戦略実現のためにはどのような人材が必要なのか、将来を見据えた人材育成とその評価を行う。これは、ステップ2です。評価項目には、習得の速さ等将来性に関わる情報を含め、異動や昇進の根拠として活用。
ｆ作業環境と評価項目の連動（7.1.4）

　作業の安全管理と高品質な製品・サービスを提供する作業環境の実現と評価項目を連動させる。
ｇノウハウを蓄積していく（7.1.6）

　高品質な製品・サービスを提供し、顧客満足の向上につながるためのノウハウを蓄積し組織の財産とするために評価項目と連動させる。

h要求力量・技量のハードルの設定 (7.2)

　各作業に従事している人材が、会社が人材に要求する力量・技量のハードルを越えていることの根拠となるように連動する。

i要求力量と人事評価結果を情報共有する (7.3、7.4)

　組織が人材に要求していること、評価結果について根拠を基に情報共有し、人材に認識してもらう。

j人事評価制度関連文書を適切に管理する (7.5)

k日常の作業計画と評価項目の連動 (8.1)

　日々、週次、月次の作業計画と評価項目を連動させる。

l作業内容・出来栄えと評価項目の連動 (8.5.1)

　日々、週次、月次の作業内容・できばえを評価項目と連動させる。

m仕事上の不備及びその処置を管理する (8.7)

　不適切行為、不良品・不良サービスの発生及びその処置を評価項目と連動させ、会社からの指示が遵守できない場合も同様に連動させる。

n顧客満足と評価項目の連動 (9.1.2)

　顧客満足度指標を評価に反映させる。

o高評価獲得が無理となった場合の処置を施す (10.2)

　高評価獲得が困難な場合、原因を追究し・取り去り再発防止を施す。

p継続的改善状況と評価項目の連動 (10.3)

　組織の仕組みや成果の改善状況を評価に反映させる。

ISO9001は組織を改善するための施策が満載です。その施策を評価項目（要素）と評価基準（基準）に含めればよいのです。

　ISO9001では、組織は目的を達成するために「継続的改善」に取組むこととされています。継続的改善とは、「『成果』を適正に『評価』し、『評価』をフィードバックすることで、さらなる『成長』を促すこと」。なんと！人事評価制度の仕組みと同じです。だからこそISO9001と人事評価制度の連動はそれぞれの仕組みの価値を飛躍的に上げることが可能なのです。あなたの組織でもぜひ「カンタンすぎる人事評価制度」をISO9001と連携させてください。

あとがき

　社長は本当に孤独な職業です。

　私自身も経営者ですので、同じ立場である社長の立場は痛いほどわかります。

　その中でも辛いのは「分からないことを分からないと言えない」ことではないでしょうか。

　私は社長向けのセミナー講師を数えきれないくらい担当してきましたが、そのセミナーの中でPDCAの話をよくします。それに対して、参加されている社長さんたちはほぼ全員が頷いて聴いてくださいますが、私が、「PDCAとは」とホワイトボードに板書し始めると、多くの社長は私が板書した内容を書き留めるのです。

　PDCAについてさえ完全には理解していないのです。このことは別に恥ずかしいことではありませんが、社長の立場として今さら「PDCAって何？」とは他人に訊けないということなのです。

「人事評価制度」についても同じではありませんか？

　第1章でも説明しましたが、ここ数年、社長にとっての一番の悩みはお金のことよりもヒトのこと。そのような社長には、人事評価制度を理解したうえで経営にあたっていただきたいのです。

　理想的な人事評価制度を人材育成や目的達成のためのツールとして活用することによりあなたの会社はまだまだ伸びることができるのです！

　「カンタンすぎる人事評価制度」がどの企業にとっても最高の人事評価制度だとは思いませんが、社長自身で簡単に策定でき、運用もラクで、成果も明確な人事評価制度であると信じておりますので、人事評価制度の導入を検討する際は候補の一つとしてご検討ください。

　この本は、忙しい社長に、今さら他人に訊けない人事評価制度をどれだけ短時間でご理解いただけるのかに着眼し、内容の半分近くをイラストと要約文でまとめました。

ただ、いくらわかりやすい本でも手に取っていただき読んでいただかなくては目的を果たせません。読者の皆さんに興味を持っていただくためには話題性が必要です。そのためにイラストを現役の専門学校の学生さんに描いていただく企画として話題づくりを心掛けました。

「人事制度指導25年超の専門家と現役の専門学校生のコラボ企画」

　ただ、このような企画を専門学校に持ち込んで、話を聴いていただけるのか非常に不安でした。しかし、あいち造形デザイン専門学校（学校法人電波学園）の校長である鈴木茂樹先生にご快諾いただき実現することができました。また、イラストを描いていただく学生さんを選任するための説明会・簡易オーデションを同学校の吉田信治先生、榊原緑先生のご尽力のもと開催していただき、そこで選ばせていただいたのが同校イラストレーション科コミックアート専攻の尾田ちひろさんでした。尾田さんには、学業の傍らで膨大なイラストをめげずに書いていただきました。
　今回、同校には多大なるご協力をいただき改めて感謝申し上げます。

　また、鈴木茂樹先生をご紹介いただいた40年来の親友である伊藤淳一さん、出版コーディネーターの有限会社インプルーブの小山社長、盟友であり尊敬する先輩でもある小林久貴さん、当企画のアイデアをご提案頂いた名古屋商工会議所の舟木誠さん、いつも前向きな意見・辛口な意見で改善してくれる弊社の雨谷さん、全国を飛び回っている間、滞りなく事務所を運営してくれている当社職員の皆さん、そして私を頼ってくださる顧客の皆様方、本当にありがとうございます。皆さんのおかげで日々、最高のモチベーションを維持できています。

山本　昌幸

【参考文献】

1 『働き方改革に対応するためのISO45001徹底活用マニュアル』
山本昌幸（日本法令）

2 『短時間で成果をあげる働きながら族に学べ！』
山本昌幸（労働調査会）

3 『社長のための残業ゼロ企業のつくり方』
山本昌幸（税務経理協会）

4 『人手不足脱却のための組織改革』
山本昌幸（経営書院）

5 『社長の決意で交通事故を半減！社員を守るトラック運輸事業者の５つのノウハウ』
山本昌幸（労働調査会）

6 『運輸安全マネジメント構築・運営マニュアル』
山本昌幸（日本法令）

7 『ＣＳＲ企業必携！交通事故を減らすISO39001のキモがわかる本』
山本昌幸、粟屋仁美（セルバ出版・三省堂）

8 『「プロセスリストラ」を活用した真の残業削減・生産性向上・人材育成 実践の手法』
山本昌幸、末廣晴美（日本法令）

9 「JIS Q 9001：2015　品質マネジメントシステム―要求事項」
（日本規格協会）

【著者略歴】

山本 昌幸（やまもと まさゆき）

1963年生。
あおいコンサルタント株式会社 代表取締役。
社会保険労務士・行政書士事務所　東海マネジメント所長。
食品会社、損害保険会社を経て現職。
コンサルタント、マネジメントシステム審査員として全国を行脚。
人事制度指導歴26年、マネジメントシステム指導歴21年。
従業員数2名〜数万人規模の企業に対する1200回以上の審査経験から「カンタンすぎる人事評価制度」を開発。

（主な保有資格）
品質マネジメントシステム主任審査員（JRCA）
環境マネジメントシステム主任審査員（CEAR）
食品安全マネジメントシステム主任審査員（審査登録機関）
道路交通安全マネジメントシステム主任審査員（審査登録機関）
特定社会保険労務士、行政書士

連絡先：あおいコンサルタント株式会社
　　　　名古屋市中区栄3-28-21建設業会館7階　☎052-269-3755
　　　　メールアドレス：nakagawa@bk.iij4u.or.jp
　　　　東海マネジメント・あおいコンサルタント株式会社HP：aoi-tokai.com
　　　　ロードージカンドットコム（労働時間.com）：rodojikan.com

「カンタンすぎる人事評価制度セミナー」についてはHPをご覧ください

【イラスト】

尾田 ちひろ（おだ ちひろ）

1999年生
あいち造形デザイン専門学校 イラストレーション科コミックアート専攻2年

【協力】

学校法人電波学園　あいち造形デザイン専門学校
名古屋市千種区今池4-10-7　電話052-732-1631

2

2020年1月29日　第1刷発行
2021年4月 5日　第2刷発行

人事評価制度が50分で理解でき、1日で完成する本

©著　者　　山 本 昌 幸
尾田ちひろ

協力　あいち造形デザイン専門学校

発行者　脇 坂 康 弘

発行所　株式会社 同友館

〒113-0033 東京都文京区本郷3-38-1
TEL.03(3813)3966
FAX.03(3818)2774
https://www.doyukan.co.jp/

落丁・乱丁本はお取り替えいたします。
ISBN 978-4-496-05459-4

ライトラボ／東京美術紙工
書籍コーディネート：小山睦男 (インプルーブ)
谷島正寿 (デザイン)
Printed in Japan